定期テスト**ズバリよくでる** **国語 2年** **三省堂版** 現代の国語2

もくじ

JN078019

取り外してお使いください **赤シート＋直前チェックBOOK,別冊解答**

※全国の定期テストの標準的な出題範囲を示しています。学校の学習進度とあわない場合は,「あなたの学校の出題範囲」欄に出題範囲を書きこんでお使いください。

Step 1

名づけられた葉

15分

❶ 詩を読んで、問いに答えなさい。

▼㊔16ページ～17ページ

名づけられた葉

新川(しんかわ) 和江(かずえ)

ポプラの木には　ポプラの葉
何千何万芽をふいて
緑の小さな手をひろげ
いっしんにひらひらさせても
ひとつひとつのてのひらに
載せられる名はみな同じ　〈ポプラの葉〉

わたしも
いちまいの葉にすぎないけれど
あつい血の樹液をもつ
にんげんの歴史の幹から分かれた小枝に
不安げにしがみついた
おさない葉っぱにすぎないけれど
わたしは呼ばれる
わたしだけの名で　朝に夕に

だからわたし　考えなければならない

(1) 3行目「緑の小さな手をひろげ」とありますが、ここで用いられている表現技法を次から一つ選び、記号で答えなさい。

ア 直喩　イ 擬人法　ウ 体言止め

(　　)

(2) 14行目「わたしだけの名」と対照的に用いられている「名」を、詩の中から五字で抜き出しなさい。

□□□□□

(3) 15行目「だからわたし　考えなければならない」とありますが、「わたし」が「考えなければならない」のはなぜですか。当てはまるものを次から一つ選び、記号で答えなさい。

ア ポプラと違って、「わたし」は血の通った人間だから。
イ ポプラと同じように、「わたし」もいちまいの葉だから。
ウ ポプラと違って、「わたし」は名前をもっているから。

(　　)

(4) 21行目「どんなに風がつよくとも」とありますが、詩の作者は、風が強くともどうする、といっているのですか。

(　　)

誰のまねでもない
葉脈の走らせ方を　刻みのいれ方を
せいいっぱい緑をかがやかせて
うつくしく散る法を
名づけられた葉なのだから　考えなければならない
どんなに風がつよくとも

〈『現代詩文庫64　新川和江詩集』〉より

テストで点を取るポイント

国語の中間・期末テストでは、次のポイントを押さえて確実に点数アップをねらうことができます。

☑ **ノートを確認して、教科書を音読する**

❶授業中の板書を写したノートをおさらいする。
国語の定期テストでは黒板に書かれた内容がテストで問われることが多く、先生によっては要点を赤字にしたり、繰り返し注意したりしてヒントを出してくれています。

❷教科書の文章を音読して読み直す。
テストで出る文章は決まっているので、必ず何度も読み直して文章内容を理解しておきましょう。

☑ **ステップ1・ステップ2を解く**

≫実際に文章読解問題・文法問題を解いて、内容を理解できているか確認します。いずれも時間を計って、短時間で解く練習をしておきましょう。

☑ **小冊子で漢字を確認する**

≫テスト直前には新出漢字や文法事項、古文単語などの暗記事項を確認します。

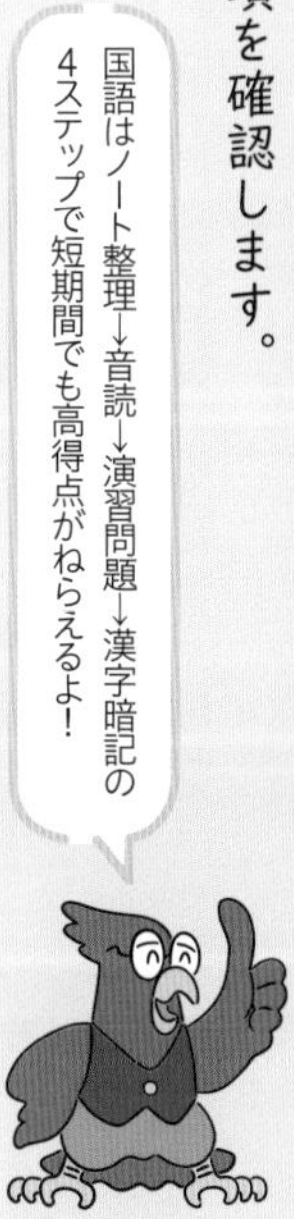
国語はノート整理→音読→演習問題→漢字暗記の4ステップで短期間でも高得点がねらえるよ！

Step 1

セミロングホームルーム

15分

1 文章を読んで、問いに答えなさい。

▼㊕22ページ1行～23ページ10行

そこには、大きなセミが止まっていた。

瀬尾くんの左肩の少し下に、こっそり止まっている、一匹のセミ。トリノと私の席の位置からしか見えない。ちなみに瀬尾くんの右隣の女子は、風邪で欠席である。

よく見かける普通のセミだけれど、私にはその名前、つまりセミの種類がわからない。①だけどトリノはわかっているはずだ。小六の夏休みに、トリノは「セミの一生」というタイトルで自由研究をしていた。あの夏、セミの体のつくりから抜け殻の見つけ方まで、彼は熱心に調べていたから。あの研究には金賞がついて、校外の展覧会に出品されたのだ。

瀬尾くんはどこからセミをつけてきたのか。保健室からこの教室までの道のりでいったい何が？ わからないけれど、セミは間違いなくここにいる。

先生たちは結果よりも経過が大切だと口をそろえて言うけれど、それは思うように結果が出なかったときの慰めであって、真実ではないと思う。真実はこうだ。

結果と経過は同等に大切である。

つまり、「瀬尾くんの背中にセミ」という結果と、②「瀬尾くんの背中にセミ」という結果を生み出した経過は同等に大切なのであり

(1) ――線①「だけどトリノはわかっているはずだ」とありますが、なぜわかっているのですか。その理由がわかる一文を探し、初めの五字を抜き出しなさい。

□□□□□

(2) ――線②『瀬尾くんの背中にセミ』という結果を生み出した経過」とありますが、この「経過」とはどのようなことを指していますか。次の文の（　）に当てはまる言葉を、文章中から十五字で探し、初めと終わりの五字を抜き出しなさい。

（　　　　）で、何があって瀬尾くんの背中にセミが止まったのかということ。

□□□□□～□□□□□

(3) ――線③「トリノが呆れ顔でゆっくりと首を左右に振る」とありますが、トリノは「私」にどのようなことを言いたかったと考えられますか。次から一つ選び、記号で答えなさい。

ア　セミの種類はあとで教えてあげるよ。
イ　何もないような普通の態度でいてくれ。
ウ　瀬尾くんの背中のセミにそんなに驚くな。

……。

「竹内、ぼんやりするな。」

今度はソロで注意されてしまった。③トリノが呆れ顔でゆっくりと首を左右に振る。

瀬尾くんがセミを連れてきたことが、クラスのみんなに知られたらと考えると、非常に気が重い。瀬尾くんはセミをネタにできるようなタイプではないし、セオとセミとをかけて妙なあだ名が誕生してしまっても困る。とにかくここはセミから瀬尾くんを守らなければ。恐らくトリノもそう考えて、あえて口に出さなかったんだろう。

だいじょうぶ、時間はある。このロングホームルームの時間を利用して、対処方法を考えよう。

そう考えたとたんに、④時間はそれほど残されていないかもしれないことに気がついた。

セミが急に鳴き始めたらどうすれば？

突然ミーンミーンと鳴き始めたら、デリケートな瀬尾くんは、驚いてあられもない悲鳴をあげてしまうかも。いつも控えめで無口な瀬尾くんが、こんなところで妙な声をあげてしまったら、みんなが騒ぎ出すにちがいない。それは避けたい。この一匹のセミさんに、私たちの今日一日の運命がかかっている。

横を見ると、トリノは真剣な表情をして、あごに手を当ててなにやら考えこんでいる。メガネの奥の目が、目の前のセミを鋭くにらんでいる。私よりもずっと頭のいいトリノは、頭をフルスピードで回転させ、うまくこの場を切り抜ける方法を探しているようだ。

戸森　しるこ「セミロングホームルーム」より

---

(4) ――線④「時間はそれほど残されていないかもしれない」とありますが、なぜですか。次から一つ選び、記号で答えなさい。

ア　瀬尾くんが背中のセミに気づいてしまうかもしれないから。
イ　ホームルームの時間が終わってしまうかもしれないから。
ウ　対処する前にセミが急に鳴いてしまうかもしれないから。

(　　)

(5) 瀬尾くんとトリノという人物について、「私」はどのように思っていますか。文章中から二つずつ、それぞれ五字以上十字前後で抜き出しなさい。

瀬尾くん
□□□□□□□□□□
□□□□□□□□□□

トリノ
□□□□□□□□□□
□□□□□□□□□□

ヒント

(2) 「結果」と「経過」という話になる前の部分に注目しよう。そこを受けて「結果」と「経過」という話題になった。

(5) 「……な瀬尾くん」という表現が二箇所ある。また「トリノは……やつ」「……トリノ」と、トリノを評した言葉もある。

「私」とトリノと瀬尾くんの状況（じょうきょう）を想像しながら読んでみよう。

Step 2

セミロングホームルーム

20分

／100

目標 75点

1 文章を読んで、問いに答えなさい。思

▼教25ページ15行〜27ページ3行

「じゃあ、多数決により、次の席替え（せきが）はくじ引きで決めます。」

学級委員がそう言った。いつのまにか多数決が実施（じっし）されたらしい。トリノと席が離れるのはさみしい気もする。

ロングホームルーム終了まで、あと二十分。残り時間は自習になりそうな気配だ。学級委員が優秀なので、ロングホームルームはいつも時間が余ってしまう。全然ロングじゃない。①これが本当のセミロングホームルーム。

私がばかばかしい考えにとらわれているうちに、黒岩先生は窓の外をちらっと見ると、咳払い（せきばら）をしながら教室の前に戻っていってしまった。

先生から「頼んだぞ。」と言われている気がした。

ついにトリノが動いた。左の窓をゆっくりと開け始めたのだ。静かに、静かに、トリノは自分側の窓が開くように、窓を滑らせている。がんばれ、トリノ。②自習が始まってしまったら、クラスのざわめきが消えてしまう。

トリノは音をたてないように立ち上がると、瀬尾（せお）くんの背中にそろそろと手を伸ばし、そこに止まっているセミを、人さし指と親指とでそっとつまんだ。

③そして次の瞬間、光の速さで外に放り投げた。

(1) ——線①「これが本当のセミロングホームルーム」とありますが、どういうことですか。次の文の（　）に当てはまる言葉を、文章中から指定の字数で抜き出しなさい。

このロングホームルームは、（a 七字）にセミがいるということと、「（b 三字）」ではなく「セミロング」だということ。

(2) ——線②「自習が始まってしまったら、クラスのざわめきが消えてしまう」とありますが、これはどのようなことを心配しているのですか。

(3) ——線③「そして次の瞬間、光の速さで外に放り投げた」とありますが、ここに用いられている比喩表現を五字以内で抜き出しなさい。

(4) ——線④「セミから瀬尾くんを守り抜いた」とありますが、どのようなことから守ったのですか。次から一つ選び、記号で答えなさい。

ア 背中のセミが動きだして、瀬尾くんに危害を加えること。
イ 背中にセミがいると知られて、瀬尾くんに注目が集まること。
ウ 背中のセミが鳴きだして、黒岩先生に注意されること。

点UP

(5) ——線⑤「トリノは立ったまま座れなくなっている」とありますが、なぜトリノはこのようになっているのですか。簡潔に答えなさい。

「ばいばい。」

途中まで身動きひとつしなかったセミは、放り出された空中で我に返ったように羽を広げ、ジジジッと鳴きながら、そのまま遠くまで飛んでいった。その去り際の鳴き声は、クラスの喧騒の中で無事にかき消された。
④セミから瀬尾くんを守りぬいた私たちは、握手でも交わしたい心境で、詰めていた息を大きく吐き出したのだった。やりましたよ、黒岩先生。
そのとき、瀬尾くんが初めて振り返った。瀬尾くんはトリノを見たかと思うと、小さな声だったけれどはっきりと、

「ありがとう。」

そう言った。

私とトリノは驚いて、なにも言えなかった。⑤トリノは立ったまま座れなくなっている。

「座っていいぞ、鳥野。」

黒岩先生が妙な注意の仕方をした。

トリノは人さし指でずれたメガネを直すと、ようやく先生の言葉に従った。

戸森 しるこ「セミロングホームルーム」より

❷ ——線のカタカナを漢字で書きなさい。

❶ シンケン勝負をする。
❷ ヘイサされた空間。
❸ 途中ケイカを見る。
❹ バクショウが起こる。

❶							❷			
(1) a	(1) b	(2)	(3)	(4)	(5)		❶	❷	❸	❹
	各10点	20点	10点	10点	20点				各5点	

Step 2 言葉発見①／漢字を身につけよう①
（セミロングホームルーム～漢字を身につけよう①）

20分

/100
目標 75点

1 ――線の漢字の読み仮名(がな)を書きなさい。

1 セミの抜け殻。
2 鎖で船をつなぐ。
3 控えの選手。
4 苦手を克服する。
5 肉体を鍛錬する。
6 休憩所で休む。
7 九分九厘優勝だ。
8 捻挫に湿布する。
9 傷が治癒する。
10 歯並びの矯正。
11 荒野を開拓する。
12 藍染めの着物。
13 巾着に入れる。
14 昭和を回顧する。
15 争いを仲裁する。

1

1	5	9	13
2	6	10	14
3	7	11	15
4	8	12	

各2点

2 ――線のカタカナを漢字に直しなさい。

1 ミョウな気持ち。
2 王様のツルギ。
3 オクビョウになる。
4 ブレーキをフむ。
5 シンセキが集まる。
6 道がジュウ滞(たい)する。
7 ナエギを育てる。
8 カイチュウ電灯
9 お城のブトウ会。
10 庭をソウジする。
11 ヘイコウして走る。
12 ウツワに盛る。
13 コロモ替(が)えの季節。
14 時間をツイやす。
15 コゼニを拾う。

2

1	5	9	13
2	6	10	14
3	7	11	15
4	8	12	

各2点

❸ 敬語の種類と意味について、次の問いに答えなさい。

(1) ――線の敬語の種類をあとから選び、記号で答えなさい。

❶ お客様は帰られました。　❷ きれいなお花ですね。
❸ 来月そちらに伺(うかが)います。　❹ 昨日は一日中雨でした。

ア 丁寧語　イ 尊敬語　ウ 謙譲(けんじょう)語　エ 美化語

(2) 次の動詞を、特定の動詞の尊敬語に直しなさい。

❶ 行く　❷ する　❸ くれる　❹ 言う

(3) 次の動詞を、特定の動詞の謙譲語に直しなさい。

❶ 言う　❷ もらう　❸ 見る　❹ する

(4) ――線の敬語の使い方が正しければ○を、間違っていれば正しい敬語を書きなさい。

❶ 父が、よろしくとおっしゃっていました。
❷ お茶を入れましたので、どうぞ召(め)し上がってください。
❸ 明日は、友人と二人で先生のお宅に参ります。
❹ 私からあなたに、ささやかなお祝いの品をくださった。

❸

(1)				(2)			
❶	❷	❸	❹	❶	❷	❸	❹
各2点				各3点			

(3)				(4)			
❶	❷	❸	❹	❶	❷	❸	❹
各3点				各2点			

テストに出る

● 敬語の種類と意味

丁寧語　話し手から聞き手への敬意。例 です・ます

尊敬語　話し手から動作・行為をする人への敬意。
例 お～になる・ご～になる／～れる・～られる
行く・来る・いる→いらっしゃる
言う→おっしゃる／食べる→召し上がる
する→なさる／くれる→くださる

謙譲語　自分（身内）から動作・行為の受け手への敬意。
例 お～する・ご～する
する→いたす／行く→伺う・参る／来る→参る
いる→おる／言う→申しあげる・申す
食べる→いただく／見る→拝見する

美化語　名詞に「お」「ご」をつける。例 お茶・おうち

Step 1 じゃんけんは、なぜ グー・チョキ・パーの三種類なのか

15分

1 文章を読んで、問いに答えなさい。

▼教40ページ5行～42ページ11行

じゃんけんは、グーとチョキとパーの三種類で行います。そして、グーはチョキに勝ち、チョキはパーに勝ち、パーはグーに勝つというルールで成り立っています。この関係を矢印で示すと、図*1のようになります。矢印は、勝ちから負けに向けてあります。

では、じゃんけんは三種類でなければならないのでしょうか。他の種類では成り立たないのでしょうか。①その可能性を探ってみることにします。

じゃんけんが成り立つためには、全ての手が平等に勝ったり、負けたりするという関係であるかが重要な条件になります。

②もし、二種類だとどうでしょうか。じゃんけんをグーとパーだけとか、パーとチョキだけとかの二種類で行うというものです。これは、じゃんけんとして成り立つでしょうか。

この場合、例えばグーとパーだけなら、誰もが勝つためにパーを出します。グーを出す人はいません。ですから、パーの連続、つまり、あいこばかりで、いつまでたっても決着はつきません。二種類のじゃんけんでは、物事を決めるための手段としては役に立たないということです。

③それでは、四種類だとどうでしょうか。ここでは、グーとチョキとパーの他に、四種類めとして「ピン」というのを考えることにし

(1) ——線①「その可能性」とありますが、どのようなことですか。次から一つ選び、記号で答えなさい。

ア じゃんけんは今のルール以外でも成り立つこと。

イ じゃんけんは三種類でなければならないこと。

ウ 三種類以外のじゃんけんも成り立つこと。

（　）

(2) ——線②「もし、二種類だとどうでしょうか」とありますが、この問いに対する答えを文章中から一文で探し、初めの五字を抜き出しなさい。

(3) ——線③「それでは、四種類だとどうでしょうか」とありますが、この問いに対する答えはどのようなものですか。次の文の（　）に当てはまる言葉を、文章中から十七字で抜き出しなさい。

（　）になるので、じゃんけんとして成り立たない。

ます。人さし指を一本だけぴんと立てたものです。この四種類でのじゃんけんを、例えば図2のように示すと、④四つが一組で、ぐるぐる回る関係となり、じゃんけんが成り立っているように見えます。

　しかし、これだけでは、じゃんけんにはなりません。パーとグーとの関係、チョキとピンとの関係がわからないからです。そこで、パーとグーとでは、普通のじゃんけんと同じように、パーが勝つとします。また、チョキとピンとでは、チョキが勝つとします。すると、四つの関係は、図3のようになります。

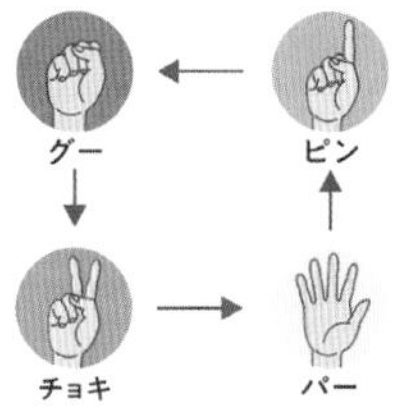

図2

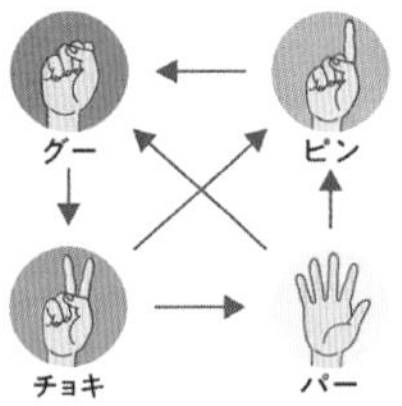

図3

　ところが、これでは、不公平になってしまいます。チョキとパーは二つの相手に勝って一つの相手に負ける。グーとピンは一つの相手に勝って二つの相手に負けるからです。

　そのうえ、よく考えてみると、⑤このルールでは、ピンを出す意味が全くなくなります。ピンもパーも、グーに勝ってチョキに負けます。これでは、ピンに勝つパーを出すほうが有利です。それで、誰もピンを出さなくなれば、結局、三種類のじゃんけんと同じことになります。

＊図1は省略。

加藤　良平「じゃんけんは、なぜグー・チョキ・パーの三種類なのか」より

(4) ——線④「四つが一組で、ぐるぐる回る関係」とありますが、この関係（図2）では、どのようなことを決めていますか。次から一つ選び、記号で答えなさい。

ア　四つが、それぞれ一つの手に対して勝ち負けを決めている。
イ　四つが、それぞれ二つの手に対して勝ち負けを決めている。
ウ　四つ全てが、他の三つの手に対して勝ち負けを決めている。

（　　）

(5) ——線⑤「このルール」とありますが、これは、図2にどのようなルールを加えたものですか。加えたルールを説明しているひと続きの二文を文章中から探し、初めの五字を抜き出しなさい。

(6) じゃんけんの種類について適切なものを次から一つ選び、記号で答えなさい。

ア　じゃんけんはルールによっては何種類でも可能である。
イ　四種類は、全ての手の勝敗の関係が平等にはならない。
ウ　三種類は、よく考えると不公平な関係である。

（　　）

ヒント

(1) 「その可能性」とは、それができる見込みということである。指示語の指す内容は前を探そう。

(3) この問いにはどのような問題があるか説明があり、最後に答えが述べられている。「問題提起」→「検証」→「答え」という流れをおさえよう。

図2・3：令和2年検定済み 三省堂 中国2年より

Step 1

人間は他の星に住むことができるのか

15分

1 文章を読んで、問いに答えなさい。

▼教 45ページ1行～46ページ9行

①人間が他の星に移り住むためには、「地球からの距離」と「生きていける環境」が重要な条件になります。

最初に、②月はどうでしょうか。月は地球から最も近い天体であり、人間が既に到達したことがある唯一の星です。

しかし、残念ながら月には水も大気もほとんどありません。水は、人間の体をつくるものであり、水がない環境では人間は生きてはいけません。また、大気というのは、熱を逃さない毛布のような役割を果たします。大気がないと、その星の温度は急激に下がったり、上がったりしてしまうため、安定しません。大気がない星というのは、人間が生きていくには厳しい環境だといえます。そのうえ、月は重力も地球の六分の一程度しかありません。したがって、月は人間が生きていける環境の条件を満たしていません。

次に、地球からの距離が近い③金星はどうでしょうか。金星は大きさや質量が地球に近いので、重力も地球とほぼ同じです。「地球の姉妹惑星」と呼ばれるほどです。もし人間が金星に住んでも、重力の変化による体の負担はほとんどないと考えられます。

また、金星には、月にはなかった大気もあります。ただし、その九六パーセントが二酸化炭素でできています。そのため、二酸化炭素による温室効果によって、金星の表面温度は五〇〇度近くもあり、

(1) ――線①「人間が他の星に移り住むためには、……重要な条件になります」について答えなさい。

❶ ――線②「月はどうでしょうか」とありますが、「月」の、Ⅰ「地球からの距離」、Ⅱ「生きていける環境」について、Ⅰは文章中から八字で抜き出し、Ⅱは（　）に当てはまる言葉を、文章中から指定の字数で抜き出しなさい。

Ⅰ □□□□□□□□

Ⅱ
・人間の体をつくる（a 一字）がない。
・星の温度を安定させる（b 二字）がない。
・重量も地球の（c 六字）しかない。

a □
b □□
c □□□□□□

❷ ――線③「金星はどうでしょうか」とありますが、「金星」について当てはまるものを次から全て選び、記号で答えなさい。

ア 地球からの距離は月よりも近い。
イ 重力も地球とほぼ同じなので、人が住んでも体の負担はない。
ウ 月にはなかった大気があるので、表面温度は適度である。
エ 温室効果のせいで、水はあっても全て蒸発してしまう。

たとえ水があったとしても、全て蒸発してしまいます。人間が生きていくために欠かせない水を確保することは難しいようです。

地球からの距離という点では、④水星も移り住める可能性がある星です。しかし、水星は太陽に最も近く、大気もほとんどないので、表面温度が昼間は四〇〇度、夜にはマイナス一七〇度にもなります。この厳しい環境では、やはり水を確保することはできません。

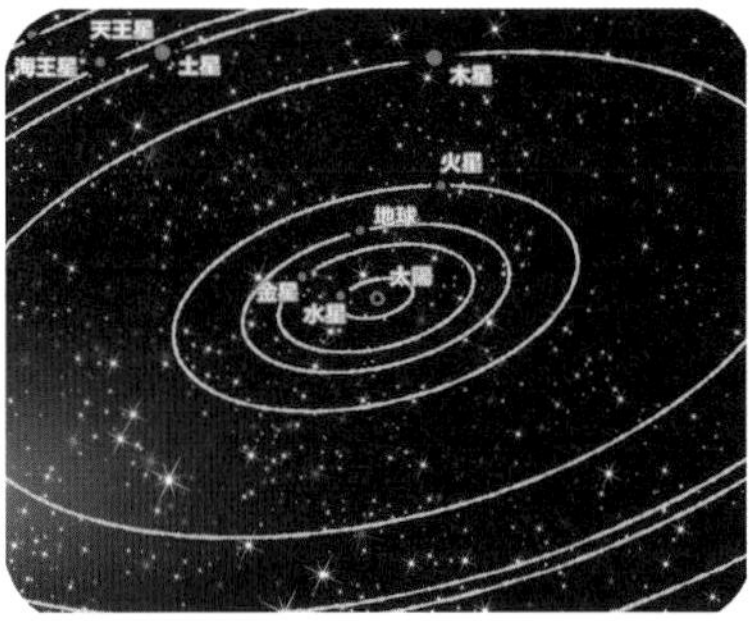

渡部　潤一「人間は他の星に住むことができるのか」より

❸ ——線④「水星も移り住める可能性がある」とありますが、「水星」の環境について、次の（　）に当てはまる言葉を、文章中から指定の字数で抜き出しなさい。

・月や金星よりも（a　二字）に近い。
・大気は（b　六字）。
・表面温度の昼夜の差が激しく（c　一字）を得られない。

a
b
c

(2) 人間が住むうえで、月、金星、水星に共通して欠けている条件を次から一つ選び、記号で書きなさい。

ア　地球からの距離が比較的近い。
イ　地表面が大気で覆われている。
ウ　重力が地球とほぼ同じである。
エ　水を確保することができる。

ヒント

(1) ❶「月」について考察しているのは第二、第三段落。「水は」「また、大気というのは」「そのうえ、月は重力も」と分けて述べられているので、一つ一つ読み取る。

(2) (1)の❶❷❸を、距離、大気、重力、水の観点で比較して共通点を探そう。

「～はどうでしょうか」と問いかけ、そのあと答えを述べているね。

Step 2

人間は他(ほか)の星に住むことができるのか

20分　／100　目標 75点

1 文章を読んで、問いに答えなさい。 思

▼教 46ページ10行～48ページ13行

それでは、地球のすぐ外側を回っている火星はどうでしょうか。

まず、火星には大気があります。大気はとても薄いのですが、人体にとって有害な宇宙線などを多少なりとも和らげることができます。次に、①重力はどうでしょうか。火星の重力は地球の約四割といわれます。この火星の重力が人間の健康にどれほど影響を及(およ)ぼすのかは、実はまだよくわかっていません。ただし、月の重力と比べれば、火星では比較的安定して暮らすことができそうです。それから、火星の一日の長さが地球の一日に近いことは利点です。②このことによって、もし人間が移り住んでも、体内時計を大きく変えることなく生活できます。

では、火星には人間が生きていくために必要な水はあるのでしょうか。

③アメリカは長年、火星探査を行ってきました。その結果、火星には表面に川のような地形があることがわかってきました。

探査機が火星を撮影した写真を詳しく見ると、川の流れによって深くえぐれたと思われる部分や、その堆積物がありそうなことがわかりました。また、高原地帯には「④チャネル」と呼ばれる曲がりくねった地形もたくさん見つかりました。これは、一時期に大量の水が流れ出てできたのではないかと考えられました。

(1) ――線①「重力はどうでしょうか」とありますが、筆者は火星の重力についてどのように考えていますか。次から一つ選び、記号で答えなさい。

ア 地球の重力の約四割なので人の健康に影響を及ぼさない。

イ 地球の重力と大きく異なるため人体への影響が大きい。

ウ 月の重力よりは人間が安定して暮らせそうだ。

(2) ――線②「このこと」とは何ですか。文章中から二十字以内で探し、初めと終わりの五字を抜き出しなさい。

(3) ――線③「アメリカは長年、火星探査を行ってきました」とありますが、何のために探査を続けてきたのですか。

(4) ――線④「チャネル」はどのようにしてできましたか。文章中から十六字で探し、初めと終わりの五字を抜き出しなさい。

(5) ――線⑤「氷として地下に眠っている」について答えなさい。

❶「眠っている」とありますが、何がどうなっていることをいっているのですか。

❷ このようになっているのは、火星が地球と比べてどうなっているからですか。

点UP

(6) ――線⑥「私たちが火星に移り住む」とありますが、そのためには、どのようにすればよいといっていますか。具体的に答えなさい。

一九九七年には、探査機マーズ・パスファインダーが火星着陸に成功し、形の細長い岩が同じ方向を向いているのを発見しました。これは、以前に洪水が起こったと考えられる決定的な証拠となり、火星にもかつて海や湖があったことが証明されました。そして、二〇〇九年、探査機フェニックスが、かつて火星に存在した水の一部が、地下に永久凍土として埋まっていることを確認しました。火星は太陽から遠いため、表面に届く太陽のエネルギーの量は、地球に届く量の半分程度しかありません。そのため、火星は地球と比べて非常に寒く、平均表面温度はマイナス四三度、最低温度はマイナス一四〇度にもなります。それで、⑤火星の水は氷として地下に眠っているわけです。

この氷を溶かして水にすることができたら、⑥私たちが火星に移り住む可能性は広がります。地下の氷を溶かして海や川をつくるため、火星の大気を増やし、地表温度を上げるための研究も、現在進められているのです。ただし、うまくいっても、地球と同じような温暖な空気と水をもった惑星になるには、少なくとも数百年はかかるといわれています。

渡部　潤一「人間は他の星に住むことができるのか」より

❷ ——線のカタカナを漢字で書きなさい。

❶ キセキ的に救出される。　❷ 海のオセンを防ぐ。

❸ 頂上にトウタツする。　❹ 三人シマイの家族。

❶							❷			
(1)	(2)	(3)	(4)	(5) ❶	(5) ❷	(6)	❶	❷	❸	❹
10点	〜 10点	10点	〜 10点	各10点		20点	各5点			

成績評価の観点　思…思考・判断・表現

Step 2

言葉発見②／漢字を身につけよう②

（じゃんけんは、なぜグー・チョキ・パーの三種類なのか～漢字を身につけよう②）

20分

／100

目標 75点

1 ――線の漢字の読み仮名を書きなさい。

1 食糧を蓄える。
2 唯一無二の存在。
3 土砂（どしゃ）が堆積する。
4 凍土の大地。
5 粉を水に溶かす。
6 該当箇所を挙げる。
7 惑星と恒星。
8 大地が隆起する。
9 苛酷な労働。
10 社の中枢を担（にな）う。
11 プレゼントの進呈。
12 肥沃な土地。
13 水に手を浸す。
14 過剰に反応する。
15 下痢に苦しむ。

1			
1	5	9	13
2	6	10	14
3	7	11	15
4	8	12	

各2点

2 カタカナを漢字に直しなさい。

1 天候にメグまれる。
2 フンカを予測する。
3 写真のサツエイ。
4 コウズイを防ぐ。
5 砂にウまる。
6 ぐっすりネムる。
7 ケイヤクを結ぶ。
8 センプウキを回す。
9 小遣いのケンヤク。
10 時期ショウソウ。
11 モウテンをつく。
12 記録をサクジョする。
13 ホシュに送球する。
14 大声でサケぶ。
15 風邪（かぜ）のショウジョウ。

2			
1	5	9	13
2	6	10	14
3	7	11	15
4	8	12	

各2点

❸ ――線の漢字の読み仮名を書きなさい。

❶ a 宇宙の謎を探る。　b 本を探す。

❷ a 不安を和らげる。　b 雰囲気が和む。

❸ a 茶道を習う。　b お茶の葉をつむ。

❹ a 蔵にしまいこむ。　b 冷蔵庫に保存する。

❺ a 厳かな式典だった。　b ルールが厳しい。

❻ a なつかしい童歌。　b 小学校の児童。

❼ 心に闘志を秘める。

❽ 滋養のあるものを食べる。

❸			
❶ a　b	❸ a　b	❺ a　b	❼
❷ a　b	❹ a　b	❻ a　b	❽

各2点

❹ 次の手伝いを頼むときの言い方について、当てはまるものをあとから選び、記号で答えなさい。

❶ どうせひまなんだろ、手伝えよ。

❷ もし時間があるなら、手伝ってほしいな。

❸ 時間があるんだから、当然手伝ってくれるよね。

❹ お手伝いいただけるとうれしいです。

ア 敬語を用いて願望を述べている。

イ 一方的に決めつけて命令している。

ウ 願望を押しつけるような言い方をしている。

エ 相手の都合をたずねながら願望を述べている。

❹	
❶	
❷	
❸	
❹	

各3点

テストに出る

● **相手に配慮(はいりょ)した言い方**

①命令する言い方、押しつける言い方はしない。

②願望を述べる言い方を心がける。

③敬語を用いた表現を心がける。

例 ×早くしろ。

○急いでいただけますか。

Step 1

短歌の世界／短歌十首

15分

❶ 文章を読んで、問いに答えなさい。

▼教 60ページ8行〜61ページ9行

短歌の大きな特徴は、短いこと。そしてリズムがあることです。短いので、多くの言葉を用いることはできません。だから言葉を厳しく選び、磨かなくてはなりません。詩を書くとは、①つまりそういうことなのです。

五音七音のリズムは、日本語を心地(ここち)よく聞かせてくれる魔法のようなものです。このリズムに言葉をのせると、とても調子がよくなることを、短歌を声に出して読むことで実感してみてください。

短歌は、短い詩ですから、全てを説明することはできません。その分、②読者が想像力をはたらかせて読むという楽しみがあります。

「寒いね」と話しかければ「寒いね」と答える人のいるあたたかさ　俵(たわら)万智(まち)

この短歌を、私は恋の場面で詠(よ)みました。状況を全部は説明できないので、寒いねと声をかけ合う人がいることで心が温かくなる、そのことに絞って表現しました。

恋の歌と受け止めた人も多くいますが、ある人は「家族のやりとり」と捉え、ある人は「旅先での会話」を思い浮かべました。それぞれの読者の心に、それぞれの「あたたかさ」が伝わることが大切なのです。

俵 万智「短歌の世界」より

(1) ——線①「そういうこと」とありますが、どういうことですか。文章中の言葉を使って答えなさい。

(　　　　)

(2) ——線②「読者が想像力をはたらかせて読む」とありますが、『寒いね』と」の短歌を、読者はどのように読んだのですか。三つ答えなさい。

(　　　　)
(　　　　)
(　　　　)

(3) 『寒いね』と」の短歌で用いられている表現技法を次から一つ選び、記号で答えなさい。

ア　直喩　イ　擬人法　ウ　倒置　エ　体言止め

(　　　　)

ヒント

(1) 「そう」の指示する内容を前の部分から抜き出し、文末を「こと。」で結ぶように書きかえよう。「つまり」という言いかえの接続語に注目する。

❷ 短歌を読んで、あとの問いに答えなさい。

▼教64ページ～65ページ

A　くれなゐの二尺伸びたる薔薇(ばら)の芽の針やはらかに春雨(はるさめ)のふる　　正岡(まさおか)　子規(しき)

B　その子二十(はたち)櫛(くし)にながるる黒髪のおごりの春のうつくしきかな　　与謝野(よさの)　晶子(あきこ)

C　みちのくの母のいのちを一目見ん一目みんとぞただにいそげる　　斎藤(さいとう)　茂吉(もきち)

D　草わかば色鉛筆の赤き粉(こ)のちるがいとしく寝て削るなり　　北原(きたはら)　白秋(はくしゅう)

E　不来方(こずかた)のお城の草に寝ころびて
空に吸はれし
十五の心　　石川(いしかわ)　啄木(たくぼく)

F　葛(くず)の花　踏みしだかれて、色あたらし。この山道を行きし人あり　　釈(しゃく)　迢空(ちょうくう)

G　細胞のなかに奇妙な構造のあらわれにけり夜の顕微鏡　　永田(ながた)　紅(こう)

「短歌十首」より

(1)　A～Gの短歌の中から、四句切れの短歌を一つ選び、記号で答えなさい。

（　　）

(2)　Cの短歌に「いそげる」とありますが、作者はなぜ急いでいるのですか。次から一つ選び、記号で答えなさい。

ア　作者の母が病気で、いつまで命がもつかわからないから。
イ　病気になった作者は、母が恋しくてたまらなかったから。
ウ　作者の母が、急に亡(な)くなってしまったから。

（　　）

(3)　次の文は、A～Gのどの短歌について述べたものですか。一つずつ選び、記号で答えなさい。

❶　年ごろの娘の美しさと輝(かがや)きを、誇らしげに歌い上げている。
❷　山中での驚きを、短歌の決まりにとらわれず描いている。
❸　少年の心の揺らぎを、体言止めで印象的に表している。
❹　情景を写生し、見たままに細やかに描いている。
❺　ささいな行為の中に、色彩の対比の美しさを発見している。

❶（　　）　❷（　　）　❸（　　）　❹（　　）　❺（　　）

ヒント

(1)　短歌は、五（初句）七（二句）五（三句）七（四句）七（結句）の音(おん)からなる。句切れとは意味の切れ目になるところ。四句目がどこかを探し、そこで意味が切れているかを確認しよう。

句切れは「。（句点）」が入れられるところだよ。

Step 2 文法の窓Ⅰ

(短歌の世界〜文法の窓Ⅰ)

20分

/100

目標 75点

1 ——線の漢字の読み仮名を書きなさい。

① 投稿欄を読む。
② 鏡を磨く。
③ 状況を伝える。
④ 対象を絞る。
⑤ 恋愛小説
⑥ 珍重される品。
⑦ 皆無に等しい。
⑧ 絞め技をかける。
⑨ 表面を研磨する。
⑩ 特徴をつかむ。
⑪ 厳しく問う。
⑫ 要点を捉える。
⑬ 遊園地の観覧車。
⑭ 髪を結う。
⑮ 木材を削る。

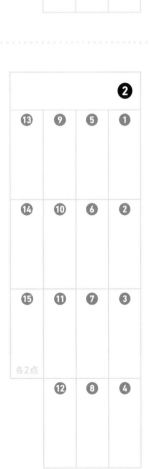

1

①	⑤	⑨	⑬
②	⑥	⑩	⑭
③	⑦	⑪	⑮
④	⑧	⑫	

各2点

2 カタカナを漢字に直しなさい。

① コイする心。
② メズラしい昆虫。
③ マホウをかける。
④ クり返し読む。
⑤ ミナが集まる。
⑥ ブランコがユれる。
⑦ エンピツで描く。
⑧ 芝生(しばふ)にネころぶ。
⑨ 布をソめる。
⑩ 床をフむ。
⑪ ボウシをかぶる。
⑫ 白いネコを飼う。
⑬ キミョウな形。
⑭ 電子ケンビキョウ
⑮ ジマン話をする。

2

①	⑤	⑨	⑬
②	⑥	⑩	⑭
③	⑦	⑪	⑮
④	⑧	⑫	

各2点

❸ 用言について、次の問いに答えなさい。

(1) 次の動詞の活用の種類をあとから選び、記号で答えなさい。

❶ 飲む　❷ 勉強する　❸ 投げる　❹ 来る
❺ 回す　❻ 浴びる　❼ 降りる　❽ 出る

ア 五段活用　イ 上一段活用　ウ 下一段活用
エ カ行変格活用　オ サ行変格活用

(2) ――線の用言の活用形をあとから選び、記号で答えなさい。

❶ 肉を食べない。　❷ マンションが建つ。
❸ 全力で走れ。　❹ 早く目が覚める朝もある。
❺ 料理はおいしかろう。　❻ 眠ければ顔を洗いなさい。
❼ 静かだったら眠れる。　❽ かすかに声が聞こえる。

ア 未然形　イ 連用形　ウ 終止形
エ 連体形　オ 仮定形　カ 命令形

(3) ――線が補助用言であるものを二つ選び、記号で答えなさい。

ア 車が走っている。　イ 遠くの方を見る。
ウ 今日は宿題がない。　エ 早朝は暑くない。

❸

(1)	❶	❷	❸	❹
	❺	❻	❼	❽ 各2点
(2)	❶	❷	❸	❹
	❺	❻	❼	❽ 各2点
(3)	・ 各4点			

テストに出る

● **活用**

用言（動詞・形容詞・形容動詞）が、あとにつく言葉によって規則的に形を変えること。変化しない部分を**語幹**、変化する部分を**活用語尾**（ごび）という。

未然形・連用形・終止形・連体形・仮定形・命令形がある。

● **動詞の活用の種類**

五段活用＝活用語尾が五段にわたって活用する。
上一段活用＝活用語尾がイ段で活用する。
下一段活用＝活用語尾がエ段で活用する。
カ行変格活用（カ変）＝「来る」のみ。
サ行変格活用（サ変）＝「する」「〇〇する」のみ。

● **五段・上一段・下一段の見分け方**

動詞のあとに「ない」をつけて、「ない」のすぐ上が、
ア段なら↓五段活用　例 咲かない
イ段なら↓上一段活用　例 着ない
エ段なら↓下一段活用　例 開けない

● **補助用言**

動詞や形容詞の本来の意味が薄れ、前の言葉の意味を補うはたらきをするもの。
例 本に書いてある。（補助動詞）
例 少しも楽しくない。（補助形容詞）

Step 1

壁に残された伝言

15分

❶ 文章を読んで、問いに答えなさい。

▼㊎76ページ1行〜77ページ21行

あなたは今、広島の雑踏に立って、半世紀以上も前の「あの日」①を思い浮かべることができるだろうか。原爆で辺り一面焼け野原になり、地獄のような光景が広がっていたことを想像できるだろうか。東京から転勤で広島に赴任(ふにん)した私には不可能だった。②私は赴任直後から、次の年の八月六日の原爆の日に放送する特別番組を作るために、「あの日」をたどる取材を始めた。被爆者の話や姿、被爆直後の写真、資料館に展示されている黒焦げの弁当箱やぼろぼろの衣服。そのような断片を自分の中で貼り合わせてみたものの、それが本当にあの日の広島なのか、とうてい自信はもてなかった。

そのような中で出会ったのが「伝言」だった。

剝がれ落ちた壁の下から

広島市の中心部にある袋町(ふくろまち)小学校。すっきりと立つ長方形の白い鉄筋コンクリートの校舎。その壁の下に「被爆の伝言」の一部が見つかったのは、一九九九年春のことだった。校舎の建て替え工事に先立つ壁の点検中、階段近くの壁が偶然(ぐうぜん)剝がれ、その下から文字らしきものが現れたのだ。よく見ると「寮内」という字が読めた。

「字の痕跡」としかいえないようなものが「読めた」のには理由があった。原爆の直後にこの壁を撮った写真があることを多くの人

(1) ——線①「あの日」とは、いつですか。次の文の(　)に当てはまる言葉を、文章中から指定の字数で抜き出しなさい。

一九四五年(a 四字)、広島に(b 二字)が落ちた日。

a □□□□

b □□

(2) ——線②「私には不可能だった」とありますが、なぜですか。次から一つ選び、記号で答えなさい。

ア 広島が原爆で焼け野原になっていたという出来事を知らなかったから。

イ 現在の広島しか知らず、被爆直後の悲惨(ひさん)な広島を実感できなかったから。

ウ 被爆者の話を聞いたり当時の写真や資料を見たりと、特別番組の取材に忙しかったから。

(　)

(3) ——線③「あれ」とは、何を指していますか。次の文の(　)に当てはまる言葉を、文章中から十五字で抜き出しなさい。

原爆の直後に写された写真にあった、袋町小学校の(　)。

□□□□□□□□□□□□□□□

が知っていたからだ。東京の写真家が撮影し、しばらくの間、広島平和記念資料館（原爆資料館）にも展示されていたその写真には、階段近くの壁一面に書かれた伝言が写されていた。だから文字らしきものが見つかったとき、関係者は「ひょっとしてあれではないか。」と思ったのだ。

写真に写っている文章の中身や、階段の手すりと壁の位置関係などを細かく見比べると、確かにそれは、ある人の連絡先として記した「東鑵寮内（とうかん）」の一部だった。

もし壁が剝がれなかったら。もし写真が撮られていなかったら。写真は撮られていてもみんなが知るものでなかったら。そう考えると、実に④いくつもの偶然が重なって、奇跡的に伝言が発見されたことがわかる。

しかし、それだけではなかった。壁の下の文字が保存された事情もまた奇跡的だったのである。

実は、見つかった文字には、資料館に展示された写真の文字と⑤一致しないことが一つだけあった。文字の色である。写真の文字は白い。当時の状況を鑑み（かんが）れば、伝言が、黒く煤（すす）けた壁に白いチョークで書かれたものであることは明らかだ。ところが見つかった文字は黒かった。壁の下の文字は、どのように保存され、またどういった事情で白黒逆転して現れたのだろうか。

井上　恭介「壁に残された伝言」
〈『ヒロシマ――壁に残された伝言』を書き改めたもの〉より

(4)　――線④「いくつもの偶然」とありますが、これに当てはまらないものを次から一つ選び、記号で答えなさい。

ア　原爆の直後に伝言が書かれた壁の写真が撮られたこと。
イ　校舎が取り壊される前に壁が剝がれたこと。
ウ　校舎が取り壊された直後に伝言が発見されたこと。
エ　伝言の壁の写真が原爆資料館に展示されたこと。

（　　）

(5)　――線⑤「一致しないことが一つだけあった」とありますが、どういうことですか。次の文の（　）に当てはまる言葉を、文章中から指定の字数で抜き出しなさい。

広島平和記念資料館に展示された写真の文字は（a　二字）のに、見つかった文字は（b　四字）こと。

a □□
b □□□□

ヒント

(2)　「不可能」とは、被爆直後の広島を想像することができなかったということ。「今、広島の雑踏に立って」「思い浮かべることができるだろうか」といっていることと、この段落の最後の方に「それが本当にあの日の広島なのか、とうてい自信はもてなかった」とあることに注目しよう。

(5)　何が一致しないのかは、このあとに「文字の色である」と、文字の色について説明されている。

Step 2

壁に残された伝言

20分

／100
目標 75点

1 文章を読んで、問いに答えなさい。思

▼教80ページ11行～81ページ16行

考えさせられたのは、①発見された伝言が多いか少ないかということよりも、それらの伝言が五十数年という時間を超えて出てきたことの意味だった。

もし戦後すぐに見つかったとしたらどうであったろう。あの日をなまなましく語れる被爆者がおおぜいいて、被爆した建物や遺跡もまだ市内のあちこちに残っていたときなら、これほど大きな反響を呼ばなかったのではないか。市内に残る被爆建物が僅(わず)かになり、被爆体験の風化が叫ばれる二十世紀の終わりだったからこそ、②これほど注目されたのだ。

無限に連鎖する「あの日」

原爆の直後、愛する人の行方(ゆくえ)がわからず、必死で探す人が書いた伝言の文字には、何が写されているのか。発見された伝言を取材者として初めて見たとき、③私は正直途方にくれた。貴重な原爆の遺物であるという意味で迫力は感じた。だが、何が書いてあるのか文字を追うのさえ容易ではない。どこからどこまでが一つの伝言なのかもわからない。名前はいくつか読めるが、書いた人の名前なのか、探している人の名前なのかもわからない。その人がその後どうしたのかはもちろんわからない。

(1) ――線①「発見された伝言」とありますが、この伝言はどのような人たちによって書かれたものですか。

(2) ――線②「これほど注目されたのだ」とありますが、発見された伝言は、なぜそれほど注目されたのですか。

(3) ――線③「私は正直途方にくれた」とありますが、なぜそうなったのですか。簡潔に答えなさい。

(4) ――線④「驚くべきことが起こった」とありますが、それはどのようなことですか。

(5) ――線⑤「涙が出た」とありますが、なぜですか。次から一つ選び、記号で答えなさい。

ア わからなかった伝言の文字の意味がようやく理解できたから。
イ 行方不明の家族を探す人たちの強い思いが伝わってきたから。
ウ この文字が原爆の遺物としてどんなに貴重か思い知ったから。

点UP

(6) ――線⑥「人々は文字の前で口をつぐみ、立ちつくした」とありますが、このとき、「人々」はどのような気持ちだったと考えられますか。

(7) 伝言の文字について、筆者はどのようなものだと述べていますか。文章中から三十六字で探し、初めと終わりの五字を抜き出しなさい。

しかし、取材が進み、家族などの関係者が見つかって、彼らと一緒に書かれた文字の前に立ったとき、④驚くべきことが起こった。彼らはいとも簡単にそのかすれた文字を読み、「ああそうだったのか。」とつぶやいた。そして涙を流した。

それを横で聞きながら私は、もう一度、その文字を眺めた。⑤涙が出た。

書家でもなければ芸術家でもない人が書いた、しかもただ人を探すという目的のために書いた、文章ともいえない文字が、人の心をこんなに揺さぶるのか。半世紀の時を超えて、伝言の文字の中から「あの日」があふれ出た瞬間だった。

そして伝言に刻まれた「あの日」のことは、その話を聞いた多くの人々に伝わっていった。伝言のある場所に、直接には関係ない人々が集まってきた。⑥人々は文字の前で口をつぐみ、立ちつくした。

「被爆の伝言」。それは現代の私たちに、あの日のことを静かに、力強く語ってくれる遺産であり、証人なのである。伝言の「あの日」が伝わっていく無限の連鎖は、今も続いている。

井上　恭介「壁に残された伝言」
〈『ヒロシマ――壁に残された伝言』を書き改めたもの〉より

2 ――線のカタカナを漢字で書きなさい。

1 家を建てカえる。
2 学生リョウに入る。
3 友達とロウカで話す。
4 リュウサンを使う実験。

1 (1)	(2)	(3)	(4)	(5)	(6)	(7)
						〜
10点	10点	10点	15点	10点	15点	10点

2 ①	②	③	④
各5点			

Step 2

漢字を身につけよう③（壁に残された伝言～漢字を身につけよう③）

20分

／100 目標 75点

❶ ――線の漢字の読み仮名を書きなさい。

1. 広島で被爆する。
2. 痕跡をたどる。
3. 損害を被る。
4. 塗料が剥離する。
5. 代替案を考える。
6. 炎天下の校庭。
7. 波浪警報が出る。
8. 道が湾曲する。
9. 部長に推薦する。
10. 心が萎縮する。
11. 賄賂を断る。
12. 梅の香が薫る。
13. 衝突（しょうとつ）の刹那。
14. 車が疾走する。
15. 祖父の叙勲を祝う。

❶ 解答欄 1〜15（各2点）

❷ カタカナを漢字に直しなさい。

1. 天国とジゴク。
2. 塗装がハがれる。
3. ホノオが上がる。
4. 野を焼きハラう。
5. アメツユをしのぐ。
6. 意見がイッチする。
7. 避難カンコク。
8. キソから学ぶ。
9. 友人をハゲます。
10. ソウダイな夢。
11. メイボを作る。
12. 優秀賞をオクる。
13. カンカクを保つ。
14. チュウシャ場
15. ソボクな村人。

❷ 解答欄 1〜15（各2点）

❸ ――線の言葉の意味をそれぞれあとから選び、記号で答えなさい。

❶ 決定に当たっては、昨年度を鑑(かんが)みる。
ア 他の事例を排除する。
イ 他の事例を取り入れる。
ウ 他の事例に合わせて考える。

❷ 今年は前代未聞(みもん)の降雨量だ。
ア 今までに聞いたことがない。
イ 多少は知っている。
ウ よく聞いて知っている。

❸ 事件が風化する。
ア 年月とともに記憶(きおく)に刻まれていく。
イ 年月とともに記憶が薄れていく。
ウ 年月をかけて明らかにされる。

❹ 湾曲したハイウェイを車で走る。
ア 弓なりに曲がる。
イ 大きく曲がりくねる。
ウ 急な角度で曲がる。

❸	
❶	❷
❸	❹

各4点

❹ ――線の漢字の読み仮名を書きなさい。

❶ a 眼前に美しい光景が広がる。
b 弟が寝ぼけ眼で起きてくる。

❷ a ついに真相が暴露される。
b 朝から暴風雨が吹き荒れる。

❸ a 口は災いの元という。
b 災害に備えて訓練する。

❹ a じっと静止している。
b 体には動脈と静脈がある。

❺ a 週一回耳鼻科に通う。
b テングザルは鼻が大きい。

❻ a やさしい祖母が病に倒れる。
b お菓子作りに病みつきになる。

❹		
❶ a b	❸ a b	❺ a b
❷ a b	❹ a b	❻ a b

各2点

Step 1

一〇〇年後の水を守る

15分

❶ 文章を読んで、問いに答えなさい。

▼教 88ページ8行〜90ページ9行

この「水の惑星」に住みながらも、私たちは今、深刻な水不足に直面している。①なぜ、水が不足してしまうのだろうか。

地球の水の九七・五パーセントは海にある。つまり、人間が飲んだり、使ったりする淡水は、地球の水全体の二・五パーセントしかないことになる。しかも、その淡水の七〇パーセントは凍っている。凍っていない淡水のほとんどは地下水であり、そのうち半分が地中深くにあって、利用することができない。人間が利用できる淡水は、浅い層にある地下水と川や湖の水であり、それらは地球全体の水の〇・〇一パーセントにすぎない。このように、地球に存在する水の中で、実際に使える水は限られている。そのうえ、地球にある水は姿を変えて循環しており、その総量は増えることがないどころか、汚染が進んで使える水の量は減り続けている。

一方で、人口増加と産業の発達によって、使う水の量は増え続けている。一九六〇年には三〇億人だった人口が、二〇〇九年には二倍以上に増え、二〇五〇年には九七億人になると予想されている。人間は、生命を維持するために必要な最低限の水分の他、手洗いや洗面などの衛生を保つための水を含めて、一日一人当たり五〇リットルの水が必要とされている。飲み水や体を洗う水などの、ふだんの生活の中で「②見える水」は、人口の増加にしたがって、当然増え

(1) ——線①「なぜ、水が不足してしまうのだろうか」について答えなさい。

❶ この「水」とは、どのような水ですか。文章中から十字で抜き出しなさい。

❷ この水が不足する原因として当てはまらないものを次から一つ選び、記号で答えなさい。

ア 地球上のもともと限られた水が凍っていくから。
イ 汚染が進んで使える水の量が減り続けているから。
ウ 人口の増加によって使う水の量が増えているから。
エ 産業が発達して使われる水の量が増えているから。

(　)

(2) ——線②「見える水」とありますが、人間はこの水を何のために使いますか。文章中から二つ探し、それぞれ十字以内で抜き出しなさい。

るわけである。

　それだけではない。使っていることが意識されにくい「③見えない水」も増加し続けている。余り気づかないことかもしれないが、毎日食べている御飯(ごはん)のもとである米、パンの原料となる小麦を育てるときにも、水は必要だ。このように、何かを作るときに必要な「見えない水」のことを「バーチャルウォーター（仮想水）」という。

　例えば、食パン一斤を作るには、小麦粉三〇〇グラムを使う。その小麦粉三〇〇グラムを作るには、六三〇リットルの水が必要となる。肉の場合は、もっと大量の水が必要だ。鶏や豚や牛は水を飲むし、さらに、水を使って育てた穀物を餌にしているからだ。家畜(かちく)が育つまでに使った水を計算すると、豚肉一〇〇グラム当たり五九〇リットル、牛肉一〇〇グラム当たり二〇六〇リットルになる。

　食べ物を作るのには、たくさんの水が必要だ。実際、④地球にある利用可能な淡水のうち、七〇パーセントが、農業に使われている。

　アメリカ中西部には世界有数の穀倉地帯があり、トウモロコシ、小麦、大豆などが大量に栽培されている。広大な農場には膨大な水が必要となるが、ここには、オガララ水系という世界最大級の地下水脈が走っている。その地下水をくみ上げて、スプリンクラーで畑にまいているのである。そのため、地下水は一秒間に三八万リットルずつ減り続けている。雨などによって地表から地下水脈に入ってくる水と、くみ上げられて出ていく水とのバランスがとれず、この巨大な地下水脈もこのままでは枯れてしまうといわれている。

橋本　淳司「一〇〇年後の水を守る」より

(3) ――線③「見えない水」とは、どのような水のことですか。次から一つ選び、記号で答えなさい。
ア　人間の体内に含まれている水。
イ　穀物や家畜の生産に使われる水。
ウ　地球の地中深くに凍結している水。
（　　）

(4) ――線④「地球にある利用可能な淡水のうち、七〇パーセントが、農業に使われている」について答えなさい。
❶ アメリカでは農業にどのような水を使っていますか。文章中から三字で抜き出しなさい。
□□□
❷ ❶の水が使われ続けると、どうなると予想されますか。文章中から二十字で探し、初めと終わりの五字を抜き出しなさい。
□□□□□～□□□□□

ヒント
(1) ❶直前の文の「私たちは今、深刻な水不足に直面している」に注目。この「水」とは「私たち」に関わりのある水、つまり「人間が飲んだり、使ったりする淡水」で、それはあとで十字の言葉に言い換えられている。
(3) 「見えない」とは、間接的に関わっているということに注意しよう。

Step 2

一〇〇年後の水を守る

20分

/100
目標 75点

❶ 文章を読んで、問いに答えなさい。思

▼教 91ページ18行～93ページ7行

　こうした水問題に対して、①私たちができることは、水の循環になるべく負担をかけない水の使い方をすることだ。

　まず、「節水」から考えてみよう。節水は各家庭でできる。一人一人がすぐに実行でき、なおかつ、まとまると大きな力になる。例えば、歯磨きの場合、口をすすいでいるときに水を流しっぱなしにすると、三〇秒間で六リットルの水が流れていく。実際には、コップ一杯あれば十分に口はすすげる。つまり、五・七リットルの水は捨ててしまったことになる。

　②「バーチャルウォーター」も節水の対象となる。日本は食料を世界中から買い集めている一方で、世界一の残飯大国でもある。捨てられる食べ物は、供給量の三分の一にのぼる。日本の食品廃棄物の発生量は、年間二八四二万トン。仮に、捨てられたものが御飯(ごはん)だとすると、それを生産するのに使われる水の量は、年間一〇五一億五四〇〇万トンになる。一人当たり一日二・三トンの水を捨てているのと同じことだ。食べきれる分だけ作り、食べきれば無駄にはならない。③これが最大の節水なのである。

　次に、雨を貴重な水資源と捉え、賢(かしこ)く使う「雨水利用」の方法を考えることも大切だ。一つの住宅や一つのビルでためられる雨水は少量であっても、地域全体としては大きな効果があるからだ。仮に

(1) ——線①「私たちができること」とありますが、どのようなことですか。それぞれ五字以内で三つ答えなさい。

(2) ——線②「バーチャルウォーター」(仮想水)とありますが、どのような水ですか。次から一つ選び、記号で答えなさい。

ア 食料を購入するために使われる水。
イ 食品を廃棄するために使われる水。
ウ 食料を生産するために使われる水。

(3) ——線③「これが最大の節水なのである」とありますが、どのようなことが「最大の節水」になるのですか。

(4) ——線④「雨水を蓄える」とありますが、どのような雨水を蓄えることを挙げていますか。次の文の(　)に当てはまる言葉を、文章中から指定の字数で抜き出しなさい。

　建物の(a 七字)や、(b 二字)や(c 二字)に降った雨。

(5) ——線⑤「この技術」とありますが、何をどうする技術ですか。

(6) ——線⑥「行きすぎた人間の行動が鏡に映ったものが、水問題である」について答えなさい。

点UP

❶ 筆者は「水問題」はどのような問題だと考えていますか。二十字以内で簡潔に答えなさい。

❷ 筆者は、この問題を解決するためには、どのようにすることが必要だといっていますか。

東京都内の全ての一戸建て住宅が屋根に降った雨をためたとすると、年間で一億三〇〇〇万トンの水が確保できる計算になる。これは利根川（とねがわ）上流の巨大ダムが東京都に供給している水量を上回る。

④雨水を蓄えるということで忘れてはならないのは、森林のはたらきだ。「緑のダム」と呼ばれる森林は、雨を受け止め、土壌に染み込ませ、ろ過し、地下水として蓄える。また、水を張った田んぼにも地下水涵養（かんよう）の機能があり、平均して、一日一ヘクタール当たり二万トンの水を土壌に浸透させている。森林も水田も、貴重な地下水を育む場所なのだ。

また、日本では、使った水を繰り返して使う「再利用」の技術が進んできている。工業用水の再利用は、一九六〇年代には三五パーセント程度だったが、現在では七八パーセントにまで高まっている。⑤この技術を発展させ、それを世界に発信することによって、水問題に苦しむ国や地域に貢献することができる。

水問題は、水自体に問題があるわけではない。⑥行きすぎた人間の行動が鏡に映ったものが、水問題である。これは、地域の問題であると同時に、世界の問題である。現代の課題であると同時に、将来を見据えて長期的に捉えるべき課題である。自然の摂理の中で、身近な水を大切に使う生活、一〇年後、一〇〇年後の水を育む生活こそが、水問題の解決につながっていく。

橋本　淳司「一〇〇年後の水を守る」より

❷ ――線のカタカナを漢字で書きなさい。

❶ 大気のジュンカン。　❷ ニワトリを飼う。

❸ 有機サイバイを行う。　❹ キョダイな遺跡。

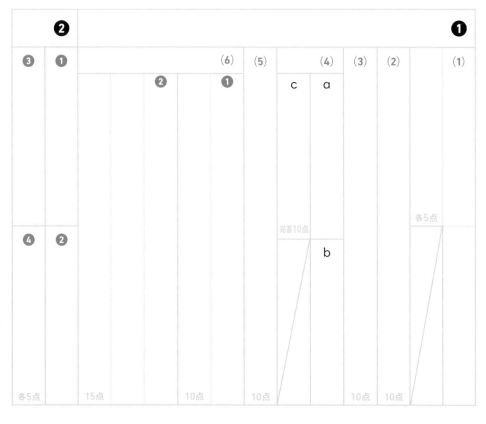

❶
(1) 各5点
(2) 10点
(3) 10点
(4) a　b　c　完答10点
(5) 10点
(6) ❶ 10点　❷ 15点

❷
❶　❷　❸　❹　各5点

Step 2

言葉発見③／漢字を身につけよう④

（一〇〇年後の水を守る～漢字を身につけよう④）

20分

/100

目標 75点

1 ——線の漢字の読み仮名を書きなさい。

① 膨大な資料。
② 土壌の汚染。
③ 栄枯盛衰（せいすい）の世。
④ 街が廃れる。
⑤ 鶏卵を料理する。
⑥ 源流を遡る。
⑦ 二隻のボート。
⑧ 砂上の楼閣。
⑨ 境内の仏塔。
⑩ 戦禍を被る。
⑪ 慰霊碑をたてる。
⑫ 食料は潤沢だ。
⑬ 坑道を掘る。
⑭ 美しい意匠。
⑮ 精緻な織物。

1 ① ② ③ ④ ⑤ ⑥ ⑦ ⑧ ⑨ ⑩ ⑪ ⑫ ⑬ ⑭ ⑮ 各2点

2 カタカナを漢字に直しなさい。

① 食パンイッキン。
② ブタ肉の料理。
③ 花がカれる。
④ イッパイのお茶。
⑤ 古紙をハイキする。
⑥ 卒業を見スえる。
⑦ 予算がフクらむ。
⑧ ヨウトンを営む。
⑨ センパクで運ぶ。
⑩ ボウセキ工場
⑪ お宅にウカガう。
⑫ 企業のガッペイ。
⑬ 新テンポを出す。
⑭ 工夫をコらす。
⑮ トウジキの茶碗（ちゃわん）。

2 ① ② ③ ④ ⑤ ⑥ ⑦ ⑧ ⑨ ⑩ ⑪ ⑫ ⑬ ⑭ ⑮ 各2点

❸ ――線の漢字の読み仮名を書きなさい。

❶ 町の中央を大きな河川が流れる。

❷ 三角州は河口近くに見られる。

❸ 夜明けの空に明星が輝(かがや)く。

❹ 手当たり次第に投げる。

❺ 雨が降らず川が干上がる。

❻ 幾何学模様のシャツを着る。

❼ 紅の色に染めた布で仕立てる。

❽ 山奥のダムに水を蓄える。

❸			
❶	❸	❺	❼
❷	❹	❻	❽

各2点

❹ 上位語と下位語について、次の問いに答えなさい。

(1) ――線の言葉はあとの（　）のどこに入りますか。記号で答えなさい。

「メニューは食事と飲み物(ア)に分かれてるね。飲み物にする？」

「コーヒー(イ)がいいかな。」

「ホットドリンク(ウ)のメニューには、ココア(エ)もあるよ。」

メニュー
- 食事
- （❶）
  - （❷）
    - （❸）
    - 紅茶
    - （❹）
  - アイスドリンク

(2) ――線の言葉はあとの表のどこに入りますか。記号で答えなさい。

森林伐採のほかに、自動車が出す排気ガス(ア)中の二酸化炭素(イ)が温暖化(ウ)を起こす原因と考えられている。環境破壊(エ)は地球規模で広がっている。

上位語	下位語1	下位語2	下位語3
❶	❷	❸	❹

❹	
(1)	(2)
❶	❶
❷	❷
❸	❸
❹	❹
各3点	各3点

Step 1

枕草子（まくらのそうし）・徒然草（つれづれぐさ）

15分

1 文章を読んで、問いに答えなさい。

▼教106ページ～107ページ

①春はあけぼの。ⓐやうやう白くなりゆく山ぎは、少しあかりて、紫だちたる雲の細くたなびきたる。

夏は夜。月の頃は②さらなり。闇（やみ）もⓑなほ、蛍の多く飛びちがひたる。また、ただ一つ二つなど、ほのかにうち光りて行くもⓒをかし。雨など降るもをかし。

③秋は夕暮れ。夕日のさして山の端（は）いと近うなりたるに、からすの寝所（ねどころ）へ行くとて、三つ四つ、二つ三つなど飛び急ぐさへあはれなり。まいてかりなどの連ねたるが、いと小さく見ゆるは、いとをかし。日入りはてて、風の音（おと）、虫の音（ね）など、はた言ふべきにあらず。

④冬はつとめて。雪の降りたるは言ふべきにもあらず。霜のいと白きも、またさらでも、いと寒きに、火など急ぎおこして、炭持て渡るも、いとつきづきし。昼になりて、ぬるくゆるびもていけば、火をけの火も、白き灰がちになりて⑤わろし。

【現代語訳】

春は明け方。しだいに白くなっていく山ぎわが少し明るくなって、紫がかった雲が細くたなびいている（のは趣がある）。

夏は夜。月の出ている頃はいうまでもない。闇夜でもやはり、蛍

(1) ══線ⓐ「やうやう」、ⓑ「なほ」、ⓒ「をかし」を現代の仮名（かな）遣いに直して書きなさい。

ⓐ（　　）ⓑ（　　）ⓒ（　　）

(2) ──線①「春はあけぼの」のあとに省略されている言葉を、現代語で書きなさい。

（　　）

(3) ──線②「さらなり」の意味を現代語訳から十字以内で抜き出しなさい。

□□□□□□□□□□

(4) ──線③「秋は夕暮れ」とありますが、この中で作者が目で感じているもの、耳で感じているものをそれぞれ二つずつ、古文の中から三字以内で抜き出しなさい。

目 □□□ □□□

耳 □□□ □□□

が多く飛びかっている（のは趣がある）。また、ほんの一、二匹がほのかに光って飛んでいくのも趣がある。雨などが降るのもいい。

　秋は夕暮れ。夕日がさして山の端にとても近くなっている頃に、烏（からす）がねぐらへ帰るというので、三、四羽、二、三羽などと飛び急ぐことでも、心にしみて趣深い。まして、雁（かり）などが列をつくっているのが、たいそう小さく見えるのは大変趣深い。日がすっかり沈んでしまって、風の音、虫の音など（がしているのも）、また、いうまでもなく（趣がある）。

　冬は早朝。雪が降り積もっているのはいうまでもなく、霜が真っ白なのも、またそうでなくても、とても寒いときに、火を急いでおこして炭火を（あちこちへと）持っていくのも、（冬の朝に）とても似つかわしい。昼になって、（寒さが）しだいにゆるんで暖かくなっていくと、火桶（ひおけ）の炭火も灰ばかりになって趣がうせる。

清少納言「枕草子」（第一段）より

(5) ――線④「つとめて」の意味を漢字二字で書きなさい。

(6) ――線⑤「わろし」とありますが、作者が「わろし」と感じているのはどのようなことですか。現代語で書きなさい。

（　　　　　　）

(7) 「枕草子」の説明として適切なものを、次から一つ選び、記号で答えなさい。

ア　平安時代に書かれた物語。
イ　平安時代に書かれた随筆。
ウ　鎌倉時代に書かれた説話。

（　　）

ヒント

(2) 「春はあけぼの。」「夏は夜。」「秋は夕暮れ。」「冬はつとめて。」と、作者は四季それぞれのすばらしさを語っている。「枕草子」は「をかし」の文学と言われている。

(3) 「月の頃はさらなり。」に当たる現代語訳を探す。

(7) 「枕草子」には日常生活の様子や感じたことが書かれている。「枕草子」について、いつの時代の、どのような種類の作品か、確認しておこう。

Step 2

枕草子(まくらのそうし)・徒然草(つれづれぐさ)

20分

/100

目標 75点

1 文章を読んで、問いに答えなさい。思

▼教 108ページ1行～110ページ11行

①うつくしきもの。瓜(うり)に描きたるちごの顔。すずめの子の、ねず鳴きするに②踊り来る。二つ三つばかりなるちごの、急ぎてはひ来る道に、いと小さきちりのありけるを、目ざとに見つけて、いとをかしげなるおよびに捕らへて、大人ごとに見せたる、いとうつくし。頭(かしら)は尼そぎなるちごの、目に髪の覆へるを、かきはやらで、うちかたぶきて物など見たるも、うつくし。

清少納言「枕草子」(第百四十五段)より

つれづれなるままに、③日暮らし硯(すずり)に向かひて、心にうつりゆくよしなしごとを、そこはかとなく書きつくれば、ⓐあやしうこそⓑものぐるほしけれ。

兼好法師「徒然草」(序段)より

(1) ＝線ⓐ「あやしう」、ⓑ「ものぐるほし」を現代の仮名遣い(かな)に直して書きなさい。

(2) ――線①「うつくしきもの」として、筆者は「ちご」(幼児)や「すずめの子」を取り上げています。これらに共通することは何ですか。

(3) ――線②「踊り来る」とありますが、「すずめの子」がやって来たのは、筆者がどうしたからですか。現代語で答えなさい。

(4) ――線③「日暮らし硯に向かひて」(一日中硯に向かって)とありますが、こうしているとどのようになるというのですか。次から一つ選び、記号で答えなさい。

ア 退屈で何もする気にならない。

イ とても落ち着いた気持ちになる。

ウ あきれるほど気分がたかぶってくる。

(5) ――線④「かばかりと心得て」(これだけだと思いこんで)とありますが、法師はどのように思いこんだのですか。

(6) ――線⑤「ゆかしかりしかど」(知りたかったけれど)とありますが、法師は何を知りたいと思ったのですか。

点UP

(7) ――線⑥「少しのことにも、先達はあらまほしきことなり」とありますが、筆者は、法師のどのような失敗をもとにこのようにいうのですか。

仁和寺(にんなじ)にある法師、年寄るまで、石清水(いはしみづ)を拝まざりければ、心うく覚えて、あるとき思ひ立ちて、ただ一人、かちより詣でけり。極楽寺(ごくらくじ)・高良(かうら)などを拝みて、④かばかりと心得て帰りにけり。

さて、かたへの人にあひて、「年ごろ思ひつること、果たしはべりぬ。聞きしにもすぎて、尊くこそおはしけれ。そも、参りたる人ごとに山へ登りしは、なにごとかありけん、⑤ゆかしかりしかど、神へ参るこそ本意(ほい)なれと思ひて、山までは見ず。」とぞ言ひける。

⑥少しのことにも、先達(せんだち)はあらまほしきことなり。

兼好法師「徒然草」(第五十二段)より

❷ ――線のカタカナを漢字で書きなさい。

❶ ムラサキのスミレ。

❷ オモムキがある庭。

❸ ホタルが飛ぶ。

❹ シモ柱が立つ。

❶								❷			
(1) ⓐ	(1) ⓑ	(2)	(3)	(4)	(5)	(6)	(7)	❶	❷	❸	❹
各5点		10点	10点	10点	10点	10点	20点	各5点			

成績評価の観点 思…思考・判断・表現

Step 1

平家物語

15分

❶ 文章を読んで、問いに答えなさい。

▼㊧116ページ上1行～116ページ上8行

①祇園精舎の鐘の声、
諸行無常の響きあり。
②娑羅双樹の花の色、
盛者必衰のことわりをあらはす。
③おごれる人も久しからず、
ただ春の夜の夢のごとし。
たけき者もつひには滅びぬ、
ひとへに風の前の塵に同じ。

【現代語訳】
祇園精舎の鐘の音には、諸行無常の響きがある。娑羅双樹の花の色は、盛者必衰の道理を表している。おごりたかぶっている人も長くは続かない、まるで（短くはかない）春の夜の夢のようである。勢いの盛んな者もついには滅びてしまう、全く（たちまちに吹き飛ばされてしまう）風の前の塵と同じである。

「平家物語」より

(1) この文章には基本となっているリズムがあります。漢数字二つを書いて答えなさい。
（　　）調

(2) ——線①「祇園精舎の……響きあり」と②「娑羅双樹……あらはす」に用いられている表現技法は何ですか。次から一つ選び、記号で答えなさい。
ア 直喩　イ 隠喩　ウ 対句　エ 反復
（　　）

(3) ——線③「おごれる人も……夢のごとし」に用いられている表現技法は何ですか。次から一つ選び、記号で答えなさい。
ア 直喩　イ 擬人法　ウ 対句　エ 体言止め
（　　）

(4) この文章から読み取れるのは、どのような考え方ですか。次から一つ選び、記号で答えなさい。
ア 世の中は全てが移り変わる、はかないものだ。
イ この世で幸福になるには、大きな権力が必要だ。
ウ 変化を恐れず、たくましく生きなければならない。
（　　）

❷ 文章を読んで、問いに答えなさい。

▼教 120ページ6行〜121ページ12行

みぎはに打ち上がらんとするところに、押し並べてむずと組んでどうど落ち、とつて押さへて首をかかんと、①かぶとを押しあふのけて見ければ、年十六、七ばかりなるが、薄化粧(うすげしやう)して、かね黒なり。わが子の小次郎(こじらう)がよはひほどにて、容顔まことに美麗なりければ、いづくに刀を立つべしともおぼえず。

「そもそもいかなる人にてましまし候(さうら)ふぞ。名のらせたまへ。②助けまゐらせん。」

と申せば、

「なんぢはたそ。」

と問ひたまふ。

「ものその者で候はねども、武蔵(むさし)の国の住人、熊谷次郎直実(くまがへのじらうなほざね)。」

と名のり申す。

「さては、なんぢにあうては③名のるまじいぞ。なんぢがためにはよい敵(かたき)ぞ。名のらずとも首を取つて人に問へ。見知らうずるぞ。」

とぞのたまひける。

「平家物語」より

(1) ——線①「かぶとを押しあふのけて見れば」とありますが、かぶとをあおむけにした理由を次から一つ選び、記号で答えなさい。

ア 敵の武者の容姿を知りたかったから。
イ 敵の武者の身分を確かめたかったから。
ウ 知っている武者かどうか気になったから。

（　　）

(2) ——線②「助けまゐらせん」とありますが、なぜ助けようとしたのですか。次の文の（　）に当てはまる言葉を、aは古文の中から抜き出し、bは考えて答えなさい。

この武者が（ a ）と同じ年齢ぐらいの、容貌(ようぼう)の（ b ）若者だったので、殺すには忍びないと思ったから。

a（　　）　b（　　）

(3) ——線③「名のるまじいぞ」とありますが、武者が名のらなかったのはなぜですか。次から一つ選び、記号で答えなさい。

ア 自分の方が、ずっと身分が高かったから。
イ 名のらなければ助かるだろうと思ったから。
ウ 相手に対して憎しみを感じていたから。

（　　）

ヒント

(2) 武者の顔を見た熊谷は、「いづくに刀を立つべしともおぼえず」と刀を刺すことをためらっている。「わが子の小次郎が……」に注目。

熊谷にも同じような年齢の息子がいた。父の気持ちを考えよう。

Step 2

平家物語

20分

/100
目標 75点

1 文章を読んで、問いに答えなさい。思

▼教121ページ9行〜124ページ4行

「さては、なんぢにあうては名のるまじいぞ。なんぢがためにはよい敵ぞ。名のらずとも首を取つて人に問へ。見知らうずるぞ。」

とぞのたまひける。

熊谷、「あつぱれ、大将軍や。①この人一人討ちたてまつたりとも、負くべき戦に勝つべきやうもなし。また討ちたてまつらずとも、勝つべき戦に負くることもよもあらじ。②小次郎が薄手負うたるをだに、直実は心苦しうこそ思ふに、この殿の父、討たれぬと聞いて、いかばかりか嘆きたまはんずらん。ⓐあはれ、助けたてまつらばや。」と思ひて、後ろをきつと見ければ、③土肥・梶原五十騎ばかりで続いたり。

熊谷涙を抑へて申しけるは、

「ⓑ助けまゐらせんとは存じ候へども、味方の軍兵雲霞のごとく候ふ。④よも逃れさせたまはじ。人手にかけまゐらせんより、同じくは、直実が手にかけまゐらせて、後の御孝養をこそつかまつり候はめ。」

と申しければ、

「ただ、とくとく首を取れ。」

とぞのたまひける。

熊谷あまりに⑤いとほしくて、いづくに刀を立つべしともおぼえず、

(1) ═線ⓐ「あはれ」、ⓑ「助けまゐらせん」を現代の仮名遣いに直し、全て平仮名で書きなさい。

(2) ―線①「この人」とありますが、熊谷は「この人」をどうしようと考えていますか。

(3) ―線②「小次郎が薄手負うたるをだに、直実は心苦しうこそ思ふに」（わが子の小次郎が軽い傷を負っただけでさえ、父である私、直実はつらく思うのに）とありますが、直実は、なぜこのように思うのですか。

(4) ―線③「土肥・梶原」は、熊谷にとってどのような関係の人たちですか。文章中から五字で抜き出しなさい。

(5) ―線④「よも逃れさせたまはじ」（決してお逃げにはなれないでしょう）とありますが、なぜ逃れられないのですか。「大将軍」の立場から答えなさい。

(6) ―線⑤「いとほしくて」の意味を次から一つ選び、記号で答えなさい。

ア 親しく感じて　イ かわいらしくて

ウ 立派な様子で　エ かわいそうで

点UP

(7) ―線⑥「かかる憂きめ」（このようなつらいめ）とありますが、熊谷は、どのようなことをするのがつらいと感じているのですか。

目もくれ心も消えはてて、前後不覚におぼえけれども、さてしもあるべきことならねば、泣く泣く首をぞかいてんげる。

「あはれ、弓矢取る身ほど口惜しかりけるものはなし。武芸の家に生まれずは、なにとてかかる憂(う)きめ⑥をば見るべき。情けなうも討ちたてまつるものかな。」

とかきくどき、袖を顔に押し当ててさめざめとぞ泣きゐたる。

「平家物語」より

❷ ——線のカタカナを漢字で書きなさい。

❶ 寺のカネをつく。
❷ シートをシく。
❸ ツルの絵を描く。
❹ ケショウをする。

❶								❷	
(1) ⓐ ⓑ 各5点	(2) 10点	(3) 15点	(4) 10点	(5) 10点	(6) 10点	(7) 15点		❶ ❷	❸ ❹ 各5点

Step 1 漢詩の世界／漢文の読み方

15分

1 漢詩を読んで、問いに答えなさい。

黄鶴楼にて孟浩然の広陵に之くを送る　李白

▼教 133ページ～134ページ

①故人西のかた黄鶴楼を辞し
煙花三月揚州に下る
孤帆の遠影碧空に尽き
唯だ見る長江の天際に流るるを

故人西ノカタ辞シ二黄鶴楼ヲ一
煙花三月下ル二揚州ニ一
孤帆ノ遠影碧空ニ尽キ
唯ダ見ル長江ノ天際ニ流ルルヲ

春望　杜甫

②国破れて山河在り
城春にして草木深し
時に感じては花にも涙を濺ぎ

国破レテ山河在リ
城春ニシテ草木深シ
感ジテハレ時ニ花ニモ濺ギレ涙ヲ

---

(1) 「黄鶴楼にて孟浩然の広陵に之くを送る」について答えなさい。

❶ この漢詩の中で、倒置が用いられているのは何句目ですか。漢数字で答えなさい。

［　　］句目

❷ ――線①「故人」とありますが、ここではどのような意味ですか。次から一つ選び、記号で答えなさい。

ア 亡くなった人　イ 身近な親族　ウ 昔からの友人

（　　）

❸ この漢詩では、作者のどのような心情が描かれていますか。次から一つ選び、記号で答えなさい。

ア 春の旅行の気持ちよさ。
イ 友人と別れるなごり惜しさ。
ウ 自分を置いていく友人への恨み。

（　　）

(2) 「春望」について答えなさい。

❶ ――線②「国」とありますが、これと同じ意味の語をこの漢詩から一字で抜き出しなさい。

［　　］

❷ ――線③「家書万金に抵る」とありますが、そのように感じるのはなぜですか。次から一つ選び、記号で答えなさい。

別れを恨んでは鳥にも心を驚かす
烽火三月に連なり
家書万金に抵る
白頭掻けば更に短く
渾べて簪に勝へざらんと欲す

恨レ別鳥驚レ心
烽火連ニ三月一
家書抵ニ万金一
白頭掻更短
渾欲レ不レ勝レ簪

「漢詩の世界」より

▼㊙137ページ

絶句　杜甫

江碧鳥逾白
山青花欲レ然
今春看又過
何レノ日カ是レ帰年ナラン

江碧にして鳥逾白く
山青くして花然(燃)えんと欲す
今春看又過ぐ
何れの日か是れ帰年ならん

「漢詩の形式」より

ア　家と書物だけが、自分の唯一の財産だから。
イ　家族との生活が、自分のよりどころだから。
ウ　戦乱の中、家族の安否を知ることは難しいから。
（　　）

(3)「絶句」について答えなさい。

❶ この漢詩の形式を次から一つ選び、記号で答えなさい。
ア　五言絶句　イ　七言絶句
ウ　五言律詩　エ　七言律詩
（　　）

❷ この漢詩で、対句となっているものは何句と何句ですか。起句・承句・転句・結句で答えなさい。
□句と□句

❸ この漢詩で、韻を踏んでいる漢字を次から全て選び、記号で答えなさい。
ア　白　イ　然　ウ　過　エ　年
（　　）

ヒント

(2) ❷「家書」とは、家族からの手紙のこと。手紙が「万金」に相当するのはどうしてなのか、戦争が背景にあることに注目しよう。

(3) ❸「韻を踏む」とは、句の末尾の文字を同じ響き（韻）にそろえること。「韻を踏む（韻を押す）」ことを「押韻」という。

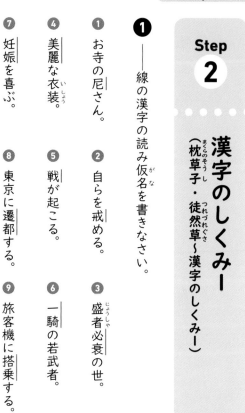

Step 2 漢字のしくみ一
（枕草子（まくらのそうし）・徒然草（つれづれぐさ）～漢字のしくみ一）

20分

/100

目標 75点

1 ――線の漢字の読み仮名（がな）を書きなさい。

① お寺の尼さん。
② 自らを戒める。
③ 盛者（じょうしゃ）必衰の世。
④ 美麗な衣装（いしょう）。
⑤ 戦が起こる。
⑥ 一騎の若武者。
⑦ 妊娠を喜ぶ。
⑧ 東京に遷都する。
⑨ 旅客機に搭乗する。
⑩ 免責事項を読む。
⑪ 失踪者を探す。
⑫ 年齢を詐称する。
⑬ 鼻孔が詰（つ）まる。
⑭ 墓前で合掌する。
⑮ 心に葛藤が生じる。

1

①	⑤	⑨	⑬
②	⑥	⑩	⑭
③	⑦	⑪	⑮
④	⑧	⑫	

各2点

2 カタカナを漢字に直しなさい。

① 寺社にモウでる。
② エイガを極（きわ）める。
③ かたきをウつ。
④ 背水のジンを敷く。
⑤ ミシンでヌう。
⑥ 表面のオウトツ。
⑦ ミスをクやむ。
⑧ 振りソデの着物。
⑨ 紙のフクロに入れる。
⑩ ライメイが響く。
⑪ トクメイの投書。
⑫ シュンソクをとばす。
⑬ ゴハンを食べる。
⑭ 情勢をガイカンする。
⑮ チョウコク作品

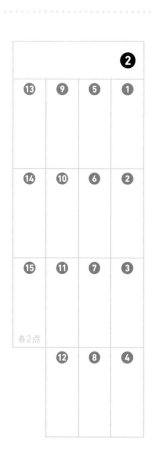

2

①	⑤	⑨	⑬
②	⑥	⑩	⑭
③	⑦	⑪	⑮
④	⑧	⑫	

各2点

3 ——線の熟語の組み立てをあとから選び、記号で答えなさい。また、同じ組み立ての熟語を[　]から選んで書きなさい。

1 町の中を縦横に流れる川。
2 投球のフォームを見直す。
3 激しい雨となり雷鳴がとどろく。
4 祖父の幼少の頃の写真を見る。
5 校長先生には敬語で話す。

ア 主語と述語の関係になっている。
イ 反対の意味をもつ。
ウ 似た意味をもつ。
エ あとの漢字が、前の漢字の目的や対象を表す。
オ 前の漢字があとの漢字を修飾する。

慶弔　挑戦　砂浜　悔恨　日没

3		
1		
2		
3		
4		
5		

各3点

4 （　）に入って——線で熟語を作る漢字を、下の[　]から選んで書きなさい。

1 （　）利な立場に追い込まれる。
2 （　）常事態宣言が解除される。
3 深海には（　）知の世界が広がる。
4 海外に住む友人の（　）事を祈る。
5 でたらめなうわさを（　）定する。

非　不　否　無　未

4	
1	
2	
3	
4	
5	

各2点

テストに出る

● 二字熟語の構成

・前後が主語と述語の関係　例 国営…国が営む。
・反対の意味の組み合わせ　例 強弱…「強い」⇔「弱い」
・似た意味の組み合わせ　例 希望…「希」・「望」＝のぞみ
・あとの字が前の目的・対象　例 読書…書を読む。
・前の字があとの字を修飾　例 長文…長い文。
・同じ漢字を繰り返した語　例 山々　堂々　※「畳語（じょうご）」という。
・前の字が打ち消しを表す　例 無知　不備　未完
・補助的な意味の字がつく　例 私的　激化　御（お）礼
・長い熟語が省略された　例 入試…入学試験

Step 1

自立とは「依存先を増やすこと」

15分

❶ 文章を読んで、問いに答えなさい。

▼教146ページ9行〜149ページ1行

ところが一九八〇年代に入ると、脳性麻痺(まひ)は治らないという医学論文が発表されたのです。そして、それに呼応するかのように障がいそのものに対する考え方が一八〇度変わり、「①障がいは身体の中ではなく外にある」という考え方がスタンダードになりました。例えば、私が二階に行けないのは私の足に障がいがあるからではなく、エレベーターがないからだ。だから、社会や環境の側を改善していこう、と考えるわけです。

こうした考え方が広がると、街中で障がいをもつ人に出会う機会が格段に増えました。それまで私は常に親と二人三脚の生活をしてきたため、「親がいなくなってしまったら自分も生きていかれなくなるのではないか。」という不安を幼い頃から抱えていました。ところが、街で見かける人の中には自分より重そうな障がいをもった人もいる。その人たちがありのままの姿で自由に暮らしているのを見て、「リハビリをしても治らないけれど、健常者にならなくても社会に出られるんだ。」という②確信が芽生えたのです。

それ以来、一人暮らしをしようと、強く思うようになりました。当然のことながら親は大反対し、母がついてくると言いました。それならば、親が容易には来られない場所に行くしかない。それで、山口県から東京の大学に進学したのです。親は、「社会というのは

(1) ——線①「障がいは身体の中ではなく外にある」とありますが、「外」とは具体的にどこのことですか。文章中から探し、五字で抜き出しなさい。

(2) ——線②「確信が芽生えた」とありますが、なぜこのように思えたのですか。次から一つ選び、記号で答えなさい。

ア 街で見かける人の中には、自分よりも重そうな障がいをもった人がいたから。

イ 街の生活には不安もあったが、親がいなくても自分は生きていけると感じたから。

ウ 街には障がいをもった人が、ありのままの姿で自由に暮らしていたから。

( )

(3) ——線③「社会は案外優しい場所なんだ」とありますが、どのようなことからこう感じたのですか。二十字以内で答えなさい。

障がい者に厳しい。障がいをもったままの状態で一人で社会に出したら、息子（むすこ）はどうなってしまうのか。」と心配していたようです。でも、実際に一人暮らしを始めて私が感じたのは、③「社会は案外優しい場所なんだ。」ということでした。

大学の近くに下宿していたのですが、部屋に戻ると必ず友達が二、三人いて、「お帰り。」と迎えてくれました。いつのまにか合い鍵（かぎ）が八個も作られていて、みんなが代わる代わるやってきては好き勝手にご飯を作って食べていく。その代わり、私をお風呂（ふろ）に入れてくれたり、介助してくれたりしました。

また、外出時に見ず知らずの人にトイレの介助を頼んだこともあります。たくさんの人が助けてくれました。こうした経験から次第に人や社会に関心をもつようになり、入学当初目指していた④数学者ではなく、医学の道を志すことを決めたのです。

それまで私が依存できる先は親だけでした。だから、親を失えば生きていけないのでは、という不安がぬぐえなかった。でも、一人暮らしをしたことで、友達や社会など、依存できる先を増やしていけば、自分は生きていける、⑤自立できるんだということがわかったのです。

「自立」とは、依存しなくなることだと思われがちです。でも、そうではありません。「依存先を増やしていくこと」こそが、自立なのです。これは障がいの有無にかかわらず、全ての人に通じる普遍的なことだと、私は思います。

熊谷晋一郎「自立とは『依存先を増やすこと』」
〈全国大学生活協同組合連合会ウェブサイト「大学生協の保障制度」の記事を書き改めたもの〉より

(4) ――線④「数学者ではなく、医学の道を志すことを決めた」とありますが、なぜですか。

（　　　　）

(5) ――線⑤「自立」について答えなさい。

❶ 筆者が考える「自立」とはどのようなものですか。次から一つ選び、記号で答えなさい。

ア 誰にも頼らずに一人で生きていくこと。
イ 多くの人に頼りながら生きていくこと。
ウ 誰かに頼られるような人間になること。

（　　）

❷ 筆者は、❶のような考え方は、どのようなことだと思っていますか。文章中から二十七字で探し、初めと終わりの五字を抜き出しなさい。

□□□□□ ～ □□□□□

ヒント

(1) ――線①の考え方は、どのような考えになっただろうか。「だから、……と考えるわけです。」の文に注目して、この中から「外」にあたるものを抜き出そう。

(4) 友達や見ず知らずの人など、たくさんの人に助けられた経験から、筆者はどのようになったか。医学のほうが数学より、人や社会に直接関わると考えたと推測できる。

「なぜ…か」と理由を問う問題には、「…から。」と答えよう。

Step 2

漢字を身につけよう⑤／文法の窓2

（漢字を身につけよう⑤～文法の窓2）

20分

／100

目標 75点

❶ ―線の漢字の読みがなを書きなさい。

① 叔母と話す。
② 海峡を渡る船。
③ 救命胴衣を着ける。
④ 進捗状況を聞く。
⑤ ご冥福を祈る。
⑥ 出棺の時間だ。
⑦ 老翁が現れる。
⑧ 結婚の吉報。
⑨ 文壇の重鎮（じゅうちん）に会う。
⑩ 老婆心ながら。
⑪ 一遍食べてみたい。
⑫ 三味線の稽古。
⑬ 白い足袋。
⑭ 相撲を見に行く。
⑮ 小春日和の一日。

❶ ① ② ③ ④ ⑤ ⑥ ⑦ ⑧ ⑨ ⑩ ⑪ ⑫ ⑬ ⑭ ⑮ 各2点

❷ カタカナを漢字に直しなさい。

① ケンメイな選択。
② アイシュウがある。
③ ケンソンする。
④ ソウホウの意見。
⑤ 学校のコウハイ。
⑥ サムライの刀。
⑦ ヒラガナで書く。
⑧ かわいいエガオ。
⑨ ツユ入りする。
⑩ サツキ晴れの空。
⑪ カゼ気味だ。
⑫ ココチよい応対。
⑬ ミヤゲを選ぶ。
⑭ 車イスを使う。
⑮ 二人サンキャク。

❷ ① ② ③ ④ ⑤ ⑥ ⑦ ⑧ ⑨ ⑩ ⑪ ⑫ ⑬ ⑭ ⑮ 各2点

[解答▶p.11]

3 助詞・助動詞のはたらきについて、次の問いに答えなさい。

(1) ――線の助詞の種類をあとから選び、記号で答えなさい。

❶ よく考えれば、わかる。　❷ この夏はとても暑い。

❸ 駅までは遠いよ。　❹ あなたが委員長ですか。

ア 格助詞　イ 接続助詞　ウ 副助詞　エ 終助詞

(2) ――線の「れる」「られる」の意味をあとから選び、記号で答えなさい。

❶ 亡(な)き祖母が思い出される。　❷ 校長先生が話される。

❸ シュートを入れられる。　❹ ケーキなら食べられる。

ア 受け身　イ 自発　ウ 可能　エ 尊敬

(3) ――線の助動詞の意味をあとから選び、記号で答えなさい。

❶ 留学しようと思う。　❷ 予報では朝から雨だ。

❸ バラが咲きそうだ。　❹ 会議は延期するらしい。

❺ 妹に片付けさせる。　❻ 野球を見に行こうよ。

❼ 山のように動かない。　❽ 新しい服を買った。

ア 使役　イ 断定　ウ 打ち消し　エ 過去

オ 意志　カ 勧誘　キ 推定　ク 様態

3	(1)	(2)	(3)	
	❶	❶	❶	❺
	❷	❷	❷	❻
	❸	❸	❸	❼
	❹	❹	❹	❽
	各2点	各2点		各3点

テストに出る

● **助詞** 付属語で活用がない。関係を表し、意味をつけ加える。

格助詞　**接続助詞**　**副助詞**　**終助詞**

● **助動詞** 付属語で活用がある。用言について意味をつけ加える。

れる・られる 受け身、自発、可能、尊敬

せる・させる 使役　**だ・です** 断定　**ます** 丁寧

ない／ぬ・ん 打ち消し（否定）

た・だ 過去、完了、存続、確認　**たい／たがる** 希望

う・よう 意志、勧誘、推量　**らしい** 推定

ようだ 推定、たとえ、例示　**そうだ** 様態、伝聞

まい 打ち消しの意志・打ち消しの推量

● **「ない」の種類**

形容詞 例 ペンがない。　**補助形容詞** 例 おいしくない。

助動詞 例 雪は降らない。

Step 1 大阿蘇（おおあそ）

15分

1 詩を読んで、問いに答えなさい。

大阿蘇

三好（みよし）　達治（たつじ）

▼教 156ページ～157ページ

雨の中に馬がたっている
一頭二頭子馬をまじえた馬の群れが　雨の中にたっている
雨は①蕭々（しょうしょう）と降っている
馬は草を②たべている
しっぽも背中もたてがみも　ぐっしょりとぬれそぼって
彼らは草をたべている
草をたべている
あるものはまた草もたべずに　きょとんとしてうなじを垂れてたっている
雨は降っている　蕭々と降っている
山は煙をあげている
中岳（なかだけ）の頂から　うすら黄いろい　重っ苦しい噴煙が濛々（もうもう）とあがっている
空いちめんの雨雲と
やがてそれは③けじめもなしにつづいている
馬は草をたべている
草千里浜（くさせんりはま）のとある丘（おか）の

(1) ――線①「蕭々と降っている」とありますが、雨のどのような様子を表していますか。次から一つ選び、記号で答えなさい。

ア　雨が降ったりやんだりしている様子。
イ　雨が激しく降っている様子。
ウ　雨がもの寂しく降っている様子。

（　　）

(2) ――線②「たべている」について答えなさい。

❶「たべている」は詩の中で繰り返し出てきますが、このような同じ言葉の繰り返しの表現を何といいますか。漢字二字で答えなさい。

□□

❷「たべている」の繰り返しの表現から、馬のどのような様子がわかりますか。次から一つ選び、記号で答えなさい。

ア　ひたすら草を食べている様子。
イ　仲良く草を食べている様子。
ウ　急いで草を食べている様子。

（　　）

(3) ――線③「けじめもなしにつづいている」とありますが、何のどのような様子を表したものですか。次の文の（　）に当てはまる言葉を、詩の中からそれぞれ二字で抜き出しなさい。

雨に洗われた青草を　彼らはいっしんにたべている
たべている
彼らはそこにみんな静かにたっている
ぐっしょりと雨にぬれて　いつまでもひとつところに　彼らは静かに集まっている
もしも百年が　この一瞬の間にたったとしても　④何の不思議もないだろう
雨が降っている　雨が降っている
雨は蕭々と降っている

〈『日本の詩歌22　三好達治』〉より

中岳の頂上からあがる（　a　）が、（　b　）との境もわからないところまで立ち上がっている様子。

a □□
b □□

(4) ——線④「何の不思議もないだろう」とありますが、作者はなぜそのように感じているのですか。次から一つ選び、記号で答えなさい。

ア　百年など、山にとっては短い期間だと思っているから。
イ　百年後も、この山には何の変化もないはずだから。
ウ　百年後も、この辺りは雨が降っていると思うから。

（　　）

(5) 詩には近景から遠景へと目が向けられている部分があります。遠景の場面が始まる行の最初の五字を抜き出しなさい。

□□□□□

ヒント

(2) ❶詩の表現技法には、比喩（直喩・暗喩）、擬人法、倒置、反復、対句、体言止めなどがある。
❷「いっしんにたべている」に注目して、その情景に当てはまるものを選ぼう。

(5) 詩に描かれた情景を思い浮かべてみよう。描かれているのは、まず草を食べている馬、煙をあげている山、雨雲の空、そしてまた再び馬。遠景の事物に注目しよう。

Step 2

漢字を身につけよう⑥／言葉発見④

（漢字を身につけよう⑥～言葉発見④）

20分

／100

目標 75点

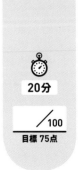

1 ――線の漢字の読み仮名を書きなさい。

① 街を探索する。
② 野良（のら）猫が威嚇する。
③ 羞恥心を感じる。
④ 寛容な先生だ。
⑤ 牧草を刈る。
⑥ 釜飯を注文する。
⑦ 臼歯を抜く。
⑧ 容器に充填する。
⑨ 結膜炎の目薬。
⑩ 処方箋をもらう。
⑪ カエルの解剖。
⑫ 脊椎動物を調べる。
⑬ 開発に後れをとる。
⑭ 合格には程遠い。
⑮ 神業のシュート。

1

①	⑤	⑨	⑬
②	⑥	⑩	⑭
③	⑦	⑪	⑮
④	⑧	⑫	

各2点

2 カタカナを漢字に直しなさい。

① ラクノウの仕事。
② カマで草をかる。
③ 稲（いな）ホが実る。
④ ス飯（めし）をつくる。
⑤ 弱火でニ込む。
⑥ 弁当をツめる。
⑦ ヒフ科に通う。
⑧ キュウドウ場。
⑨ 師匠がデシをとる。
⑩ 勲章をサズかる。
⑪ ありウるミスだ。
⑫ 水滴がタれる。
⑬ ケムリがあがる。
⑭ 火口のフンエン。
⑮ イッシュンの出来事（できごと）。

2

①	⑤	⑨	⑬
②	⑥	⑩	⑭
③	⑦	⑪	⑮
④	⑧	⑫	

各2点

❸ 類義語・対義語について、次の問いに答えなさい。

(1) 次の言葉の類義語をあとから選び、記号で答えなさい。

❶ 賛成　❷ 理解　❸ 簡単　❹ 無事

ア 納得　イ 安全　ウ 同意　エ 容易

(2) 次の二つの熟語が似た意味になるように、□に共通する漢字を［　］から選んで書きなさい。

❶ □良≒□秀　❷ □当≒□切

❸ 母□≒祖□　❹ □味≒□義

［子　適　意　親　優　正　国］

(3) 次の言葉の対義語をあとから選び、記号で答えなさい。

❶ 生産　❷ 理想　❸ 部分　❹ 集合

ア 全体　イ 現実　ウ 解散　エ 消費

(4) 次の対義語の組が完成するように、□に漢字一字を書きなさい。

❶ 黒字⇔□字　❷ 往路⇔□路

❸ 有期⇔□期　❹ 成熟⇔□熟

❸	❶	❷	❸	❹
(1)				各2点
(2)				各2点
(3)				各2点
(4)				各2点

❹ ――線の言葉は、それぞれどのような意味で使われていますか。あとから選び、記号で答えなさい。

❶ 音楽会の準備で忙しいが、手が足りない。

❷ ボランティア活動に、いろいろと手を尽くす。

❸ 突然の雨にみまわれて、さんざんな目にあう。

❹ 目がいいので、遠くの小さな字まで見える。

ア 身体　イ 人員　ウ 方法

エ 腕前　オ 能力　カ 体験

❹	
❶	
❷	
❸	
❹	各2点

テストに出る

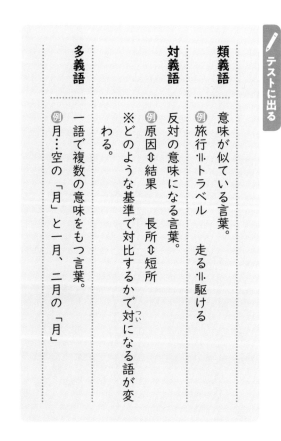

類義語　意味が似ている言葉。
例 旅行≒トラベル　走る≒駆ける

対義語　反対の意味になる言葉。
例 原因⇔結果　長所⇔短所
※どのような基準で対比するかで対（つい）になる語が変わる。

多義語　一語で複数の意味をもつ言葉。
例 月…空の「月」と一月、二月の「月」

Step 1

小さな手袋

15分

❶ 文章を読んで、問いに答えなさい。

▼㊑163ページ4行～164ページ14行

「ほんとよ。絶対、いたんだからあ。」(①)

十月半ばの午後、近所の友達が飼い犬の運動に行くのにつき合って、シホは林へ行ったのだそうだ。

林の中で鎖を放したら、犬は深く積んだ落ち葉を蹴散らして突っ走っていったきり戻ってこない。友達と二手に分かれて、犬の名を呼びながら、林の中を探し回った。

すると、いきなりシホの眼前に、その妖精が現れたのだそうだ。

一本の木が地面のすぐ上から曲がって、地をはうように伸びている――その幹に、小柄なおばあさんが、(②)ちょこんと腰掛けていた。焦げ茶色の大きなショールに包まれて、膝の上には太い編み棒と毛糸の入った手提げ籠(かご)があった。

髪は真っ白、小さな顔も真っ白で、子供のようなくりくりした黒い瞳がじっと娘を見つめていた。その体が余りに小さいので、長めのスカートからのぞいている黒靴の爪先(つまさき)が地面から高く離れていたそうだ。

シホは立ちすくんだ。意外なところにおばあさんがいたのだから、それだけでも驚くのはあたりまえである。ところが、おばあさんの様子を観察しているうちに、シホは震えあがってしまった。(③)つい最近読んだ童話の本を思い出したからである。その本には、魔法

(1) ――線①「絶対、いたんだからあ」とありますが、何がいたと言っているのですか。文章中から二字で抜き出しなさい。

(2) ――線②「小柄なおばあさん」とありますが、このおばあさんに初めて出会ったとき、シホはどのようになりましたか。文章中から六字で抜き出しなさい。

(3) ――線③「シホは震えあがってしまった」とありますが、なぜ震えあがったのですか。その理由を次から一つ選び、記号で答えなさい。

ア 人気のない林の中に、おばあさんがたった一人で木の幹に座っていたから。
イ おばあさんが、最近読んだ童話の登場人物のように、意地悪そうな目つきをしていたから。
ウ おばあさんに、魔法で、石や木に変えられてしまうのではないかと思ったから。

（　　）

を使って人間を石や木に変えてしまう意地悪な妖精が出てきたのだ。

それが、目の前のおばあさんとそっくりだった。

――いけない。このおばあさんは、きっと妖精だわ。目を見合わせていると、魔法をかけられちゃう。

とっさに、シホは伏し目になり、足もとだけを見るようにして、そろそろと後ずさった。

「それは、よかった。実に適切な判断だった。非常に沈着な行動だったぞ。」

と、私は娘に言った。

「おばあさんが妖精だったら、おまえは雑木林のくぬぎの木にされていたかもしれないんだからな。」

小学三年生の娘は、父親の真面目な反応に大いに満足したようだった。しかし、そばにいた妻は、④笑いを含んだ目つきで、娘と私を見比べていた。娘の話を聞いていた夕食前のテーブルで、その日も私は少し早めの晩酌を、既に定量以上に過ごしていたからである。


数日後、シホは妖精のおばあさんから毛糸で作った親指大の人形をもらってきた。

「いやだあ、妖精なんかじゃなかったよ。雑木林のそばの病院にいるおばあちゃんだった。どうもおかしいと思ったんだ、あたし。」

小学三年生の幼い頭でも、童話に出てくる妖精が近所の雑木林にいるわけはない、と気づいたわけだ。シホは、⑤真偽を確かめに、一人で林へ出かけたのである。

内海　隆一郎「小さな手袋」〈『人びとの忘れもの』〉より

(4) ――線④「笑いを含んだ目つきで、娘と私を見比べていた」とありますが、このとき妻はどのような気持ちでしたか。次から一つ選び、記号で答えなさい。

ア 妖精の話を真剣に語る娘と、それに合わせて受け答えしている「私」を、ほほえましく思っている。
イ 童話の中と現実を一緒にしている娘と、娘の話を真剣に聞いている「私」にあきれている。
ウ 妖精の存在を本気で信じている娘の幼さを、酔ってからかっている「私」を非難している。

（　　）

(5) ――線⑤「真偽を確かめに、一人で林へ出かけた」とありますが、それでどのようなことがわかりましたか。次の文の（　）に当てはまる言葉を、文章中から指定の字数で抜き出しなさい。

（a 三字）の中の木の幹に（b 四字）いたおばあさんは、（c 二字）ではないということ。

a □□□
b □□□□
c □□

ヒント

(1) 林の中で犬を探し回っていた「シホの眼前」に、何が現れたといっているだろうか。
(4) 「晩酌」を「定量以上に過ごしていた」「私」は、少しほろ酔い加減で小学三年生の娘の話を聞いている。妻は、娘の話を否定もせず楽しそうに話を合わせている「私」の様子を見ている。

「しょうがないなあ」という気持ちの「笑い」なんだろうね。

Step 2

小さな手袋

20分

／100

目標 75点

❶ 文章を読んで、問いに答えなさい。思

▼教 169ページ6行～170ページ18行

修道女の話によると、シホが会いにこなくなってから一か月ほど、おばあさんは毎日のように雑木林に行って待っていたのだそうだ。そのうちに十二月の半ばが過ぎて、寒気が厳しくなったので、病院では外出を許さないようにした。今にきっと、シホちゃんは病院のほうに来てくれるわよ、と修道女たちはおばあさんをなだめるばかりだった、という。

クリスマスの近づいたある日。おばあさんは修道女に泣いて頼んだそうだ。――シホちゃんに①渡したいものがあるから、どうしても探してほしい。これを渡すだけでいいのだから、見つけて連れてきてください。

「宮下さんは、よほどシホちゃんが好きだったのね。――私たちは手分けして、この辺り一帯を探しました。でも、このカルテのご住所を見ると、探した範囲からはだいぶ離れているようねえ。」

②修道女はため息をついて、小さく笑った。そして、ちょっと待ってね、と言いおいて薬剤室へ入っていった。しばらくしてから、彼女は茶色の袋を持って現れた。

「これ、そのときの宮下さんからシホちゃんへのクリスマスプレゼントなのよ。あのあと、私が預かっていました。」

二年以上も、とつぶやきながら、シホは袋を開けてみた。手袋だっ

(1) ――線①「渡したいもの」とは何ですか。文章中から二十字で探し、初めの五字を抜き出しなさい。

(2) ――線②「修道女はため息をついて、小さく笑った」とありますが、このとき修道女はどのような気持ちでしたか。次から一つ選び、記号で答えなさい。

ア シホを見つけられずにおばあさんに申し訳ない。
イ シホを見つけられなかったのは仕方がない。
ウ シホをもう少しで見つけられたのに残念だ。

(3) ――線③「手袋は、……余りに小さかった」とありますが、なぜ小さいのですか。

点UP

(4) ――線④「かすかなおえつが漏れ出た」とありますが、シホは、何に心を打たれておえつを漏らしたのですか。

(5) ――線⑤「涙でぬれた目が輝いた」とありますが、このときシホはどのように思ったのですか。

(6) ――線⑥「修道女が静かに押しとどめた」とありますが、修道女が押しとどめたのはなぜですか。

(7) ――線⑦「もう大連へ……昔の大連にね」とありますが、どういうことですか。次から一つ選び、記号で答えなさい。

ア おばあさんは記憶の中にある大連にいるということ。
イ おばあさんは昔の大連のことにしか興味がないということ。
ウ おばあさんは昔の大連のような街に住んでいるということ。

た。赤と緑の毛糸で編んだミトンのかわいい手袋だった。

「それはね、宮下さんがシホちゃんにないしょで、毎晩少しずつ編んだものなのよ。あの不自由な手で、一か月半もかかって……。」
③手袋は、それほど長い日数をかけたにしては、余りに小さかった。普通の五倍も時間がかかるという苦しい思いをして、ようやく編みあげた手袋だった。
シホは、小さな手袋を両手に包み、顔を強く押しつけた。④かすかなおえつが漏れ出た。

「それで、」と私が代わりに聞いた。「宮下さんは、今どうなさっていますか。」

「はい、お元気ですよ。まだ、この病院に入院していらっしゃいます。」

シホが顔を上げた。⑤涙でぬれた目が輝いた。

「会いたい。会ってもいいですか。」

シホは、すぐさま走りだそうという気配を見せた。それを⑥修道女が静かに押しとどめた。

「会ってもしかたありません。もうシホちゃんが誰なのか、わからないんですよ。この一年ほどで、急にぼけが激しくなりましてね。……しきりに大連（だいれん）のことばかり話しています。周りの人を、みんな大連に住んでいたときの近所の人だと思いこんでね。ご本人は大連にいるんだって思っているんでしょうね。」

「大連に……。」

「そう。宮下さんは、⑦もう大連へ帰ってしまったんですよ。昔の大連にね。」

内海　隆一郎「小さな手袋」〈『人びとの忘れもの』〉より

2 ――線のカタカナを漢字で書きなさい。

❶ 島のシンリョウ所。
❷ 海上をタダヨう。
❸ 大会の開催をアヤぶむ。
❹ ショウゲキを受ける。

1										**2**	
(1)	(2)	(3)	(4)		(5)	(6)		(7)		❶	❸
10点	10点	10点		20点	10点		10点	10点		❷	❹
											各5点

成績評価の観点　思…思考・判断・表現

Step 2

漢字を身につけよう⑦
（小さな手袋～漢字を身につけよう⑦）

20分

/100

目標 75点

1 ――線の漢字の読み仮名を書きなさい。

1 草木の繁茂。
2 小柄な人。
3 膝を交える。
4 手提げバッグ。
5 伏し目がち。
6 父が晩酌をする。
7 三棟の建物。
8 末尾の一文。
9 三年滞留する。
10 発作が起きる。
11 水が漏れる。
12 伏線を張る。
13 尾根を歩く。
14 作業が滞る。
15 感情を抑制する。

1 各2点

1	2	3	4
5	6	7	8
9	10	11	12
13	14	15	

2 カタカナを漢字に直しなさい。

1 小さなヨウセイ。
2 美しいヒトミ。
3 ムスメが一人いる。
4 黒いクツをはく。
5 フルえあがる。
6 ショウニカの医師。
7 ゲカの手術。
8 大切なギシキ。
9 ヤクザイの調合。
10 怒りをオサえる。
11 試験のハンイ。
12 金色にカガヤく。
13 シゲみの中。
14 ジシンに備える。
15 ヒョウリュウ船

2 各2点

1	2	3	4
5	6	7	8
9	10	11	12
13	14	15	

❸ ――線の漢字の読み仮名を書きなさい。

❶ 手術の際に麻酔(すい)を用いる。
❷ 労働に見合う報酬を支払う。
❸ 事実を厳粛に受け止める。
❹ 被害者に真摯な態度で接する。
❺ おいしい料理にみなご満悦だった。
❻ 嫉妬心は何ももたらさない。
❼ 陪審員の全員が一致した判決である。
❽ 叔父(おじ)の結婚披露宴に出席する。

❸	
❶	❷
❸	❹
❺	❻
❼	❽

各2点

❹ ――線の漢字の読み仮名を書きなさい。

❶ a 石炭を燃やす。　b 石高とは米の量のこと。
❷ a 着物の反物。　b 反対意見を聞く。
❸ a 商売繁盛(はんじょう)を祈る。　b 商いに精を出す。
❹ a 寿命を悟る。　b 生命の誕生。
❺ a 機械を操作する。　b 三か国語を操る。

❺ 次の言葉の意味をそれぞれあとから選び、記号で答えなさい。

❶ 間髪(かんはつ)を入れず
ア 少し間をおくこと。　イ 少しの間もおかないこと。
ウ 長く間をおくこと。

❷ おえつ
ア すすり泣き　イ うれし泣き　ウ むせび泣き

❹	
❶ a　b	❷ a　b
❸ a　b	❹ a　b
❺ a　b	

各2点

❺	
❶	❷

各2点

Step 1

動物園でできること

15分

1 文章を読んで、問いに答えなさい。

▼㊙183ページ14行～184ページ20行

例えば、動物園で行われる取り組みの一つに、①動物との「触れ合い」というものがある。動物を触ったり、抱っこしたり、動物に餌を与えたりする触れ合いは、動物園だからこそ体験できる楽しいイベントとして、多くの人が動物園に期待するものだ。モルモットやヤギのようなペットや家畜といった、人間によって改良され、人間に利用されてきた動物は、こうした触れ合いの対象として適している。けれども、野生動物については、これらの触れ合い体験を行うことは悩ましい。動物園で飼育されてはいるが、彼らは本来、自然環境の中で人間たちとは別々に暮らす動物なのだ。もし、触れ合いが可能であったとしても、②そうした体験を通して知る野生動物の姿は、彼らが実際に自然の中で暮らす姿とはずいぶんかけ離れたものと考える。動物に親しみ、動物を好きになってもらうことは学びの面からも大事なことだが、③このような触れ合いイベントは、野生動物を理解することとは結びつきにくいと思えた。

動物たちが衣装を着たり芸をしたりする動物ショーはどうだろうか。例えば、サーカスではよく動物ショーが演じられる。私もこれらを楽しんだ経験がある。ショーで見せる動物のしぐさに笑い声をあげ、同時に大きく感動もした。しかしながら、これらもやはり、野生動物や自然環境を学ぶ場にはなじまないだろう。

(1) ――線①「動物との『触れ合い』」とありますが、このような触れ合いに適しているのはどのような動物ですか。文章中から二十三字で探し、初めと終わりの五字を抜き出しなさい。

□□□□□ ～ □□□□□

(2) ――線②「そうした体験」とありますが、どのようなことですか。「こと。」につながるように文章中から二十六字で探し、初めと終わりの五字を抜き出しなさい。

□□□□□ ～ □□□□□ こと。

(3) ――線③「このような触れ合いイベントは……結びつきにくい」とありますが、なぜそう思うのですか。次の文の（　）に当てはまる言葉を、文章中から指定の字数で抜き出しなさい。

触れ合いイベントで接する野生動物の姿は、（a 九字）とはかなり（b 七字）だから。

a □□□□□□□□□

b □□□□□□□

それでは、どのようにして「楽しみの場」であることと「学びの場」であることとを結びつければよいのか。私の勤めていた旭川市旭山動物園は、この二つを両立させる動物園でありたいと考え、実践してきた。事例をあげながらその方法を紹介したい。

まずはじめは、④オランウータンの展示である。旭山動物園が飼育しているボルネオオランウータンは、東南アジアに位置するボルネオ島の熱帯雨林に生息している。樹上生活に適した腕と手は強い力をもち、特にオスのてのひらと指は、まるでサッカーのキーパーグローブのように大きく、たくましい。森の木々の高さは六〇メートルにもなるが、オランウータンたちが主に生活しているのは地上から一〇～二〇メートルの場所である。それでも、高さ二〇メートルというと、五～七階建てのビルに相当する。そんな高さをものともせず、彼らは木々の間を移動しているのだ。

従来の展示施設では天井の高さが限られているため、そうしたオランウータンの野生下での姿を見ることは不可能だった。そこで、屋外に高さ一七メートルのタワーを二本建てて、その間をロープとレールでつなぐことにした。彼らがそのロープを伝って悠々と空中を移動するシーンは圧巻だ。目撃した来園者からは⑤「すごい」という感嘆の声があがる。

奥山　英登「動物園でできること」より

❶ (4) ――線④「オランウータンの展示」について答えなさい。

ボルネオオランウータンの展示で、動物園はどのような工夫をしましたか。文章中から三十七字で探し、初めと終わりの五字を抜き出しなさい。

□□□□□～□□□□□

❷ ❶の工夫は何のためにしたのですか。次の文の（　）に当てはまる言葉を、文章中から指定の字数で抜き出しなさい。

森の高い木々で（a　四字）をするボルネオオランウータンの、（b　六字）を見せるため。

a □□□□

b □□□□□□

(5) ――線⑤「『すごい』という感嘆の声があがる」とありますが、来園者はオランウータンの何を見て感嘆したのですか。二十字で探し、初めと終わりの五字を抜き出しなさい。

□□□□□～□□□□□

ヒント

(1) あとの「こうした触れ合いの対象として適している」という部分に注目しよう。モルモット（ペット）やヤギ（家畜）は、どのような動物として説明されているだろうか。

(2) 指示語の指す内容は、まず前の部分を探そう。前にある「これらの触れ合い体験」は同じことを指している。

Step 2

動物園でできること

20分

／100

目標 75点

❶ 文章を読んで、問いに答えなさい。思

▼教185ページ5行～187ページ11行

　ところで、旭山動物園では、①担当する動物の解説を飼育係が自ら行うというスタイルをとっている。日夜、その動物に向き合っている者ならではの発見や理解があり、担当の飼育係であれば、それを直接伝えることができるという発想だ。しかし、動物園の裏方の仕事を務める飼育係にとって、来園者の前に出て話をするというのは、実はかなり大変なことなのだ。ともすると単調な解説になったり、演説のようになったりしてしまう。動物たちの魅力に助けてもらうとはいえ、その場にいる人々の関心を引き寄せ、楽しんでもらうための工夫は必要だ。②例えば、私は旅先で出会った大道芸人の話術を取り入れたこともあった。一人一人が個性や経験を生かしながら、楽しい「学びの場」づくりを目指して、試行錯誤を続けている。

　次に紹介するのは、旭山動物園の冬の風物詩ともいえる「ペンギンの散歩」である。旭山動物園では四種類のペンギンを飼育しており、そのうちキングペンギンが園内を集団で③「散歩」する。野生下のキングペンギンは、陸上では繁殖地に大きな群れ（コロニー）を作り、そこから海へ狩りに出かけていく。コロニーは海岸から数百メートル、ときには数キロメートル離れた場所に作られる。そのため、キングペンギンたちが狩りに出かけていくには、相応の距離を歩かなくてはならない。「ペンギンの散歩」は調教や訓練が必要な

点UP

(1) ――線①「担当する動物の解説を飼育係が自ら行う」とありますが、なぜですか。「飼育係はその動物についての」に続くように答えなさい。

(2) ――線②「例えば、私は旅先で出会った大道芸人の話術を取り入れた」とありますが、これは何の具体例として挙げられていますか。文章中から三十字以内で探し、初めと終わりの五字を抜き出しなさい。

(3) ――線③『散歩』とありますが、「散歩」にカギカッコをつけたのはなぜですか。次から一つ選び、記号で答えなさい。

ア　ただの散歩ではなく、野生下の意味ある行動だから。

イ　ペンギンの意思ではなく、動物園が調教したものだから。

ウ　「ペンギンの散歩」は動物園で人気のショーだから。

(4) ――線④「そのすごさやたくましさ」とありますが、ペンギンのたくましさを具体的に描写したひと続きの二文を文章中から探し、初めの五字を抜き出しなさい。

(5) ――線⑤『かわいい』という言葉だけでは、彼らに対して申しわけない気持ちになる」とありますが、「かわいい」だけにしないために「私」がしていることを、二つ答えなさい。

(6) ――線⑥「そうしたペンギンたちの姿を、毎年多くの人が楽しみにしてくれている」とありますが、人々はどのようなことを楽しみにしていると考えられますか。

ショーではなく、キングペンギンの習性に基づく野生下の行動を再現したものだ。

日本人はペンギン好きな国民といわれている。アニメや広告のキャラクターになったり、さまざまなグッズになったりする機会も多い。動物園でもペンギンの展示施設には多くの人が集まり、「かわいい」という声があちこちからあがる。しかし、彼らは、黙々と陸上を歩き、シャチやヒョウアザラシなどの天敵が待つ海中に潜って狩りをするという、たくましさをもった野生動物なのだ。一回の潜水時間は約五分、潜る深さは二〇〇メートルを超えるという。

一般に、人々が動物に向かって「かわいい」という言葉を発するとき、その動物がたとえ大人であっても、どこか自分たち人間よりも幼いもの、か弱いものとして見ているところがあるように私には感じられる。かわいいと思うことは決して悪いことではないし、私にもペンギンたちがかわいいと思えるときがある。けれども、④そのすごさやたくましさを知ると、もはや、⑤「かわいい」という言葉だけでは、彼らに対して申しわけない気持ちになるのだ。

自然の中で暮らすペンギンのたくましい姿にも思いをよせてほしいという願いから、なんの脚色もせず、ただ彼らが歩く姿を見てもらう散歩を行っている。また、そのたくましさを感じ取ってもらうための一つのお手伝いとして、散歩前に彼らの野生下の様子を解説する時間を私は設けていた。「ペンギンの散歩」には、たくさんの来園者が集まるので、どうしても解説が演説のようになってしまうのがもどかしかったが、⑥そうしたペンギンたちの姿を、毎年多くの人が楽しみにしてくれている。

奥山　英登「動物園でできること」より

2 ――線のカタカナを漢字で書きなさい。

1 理論とジッセン。
2 カチクを飼育する。
3 料理のウデを振るう。
4 ホコらしい金メダル。

1						**2**	
(1)	(2)	(3)	(4)	(5)	(6)	1	3
	〜					2	4
10点	10点	10点	10点	各10点	20点		各5点

Step 2

漢字のしくみ2／漢字を身につけよう⑧

（動物園でできること～漢字を身につけよう⑧）

20分

／100

目標 75点

❶ ――線の漢字の読み仮名を書きなさい。

① 老若男女（ろうにゃく）
② 草食獣の牛や馬。
③ 池を柵で囲う。
④ 喪中の知らせ。
⑤ 軒先にたたずむ。
⑥ 桟橋を渡る。
⑦ 惰性で続ける。
⑧ 斬新なデザイン。
⑨ 曖昧な答えだ。
⑩ 侮辱を受ける。
⑪ 悪口に憤慨する。
⑫ 資料を閲覧する。
⑬ 但し書きを読む。
⑭ 出納係に聞く。
⑮ 体裁を繕う。

❶			
①	⑤	⑨	⑬
②	⑥	⑩	⑭
③	⑦	⑪	⑮
④	⑧	⑫	

各2点

❷ カタカナを漢字に直しなさい。

① 春のオトズれ。
② 長期間にオヨぶ。
③ 影響をアタえる。
④ 舞台のイショウ。
⑤ 介護シセツで働く。
⑥ 試行サクゴする。
⑦ 人工ハンショク
⑧ 森にカりに行く。
⑨ ゲンソウ的な世界。
⑩ ガケを登る。
⑪ シュイロの夕空。
⑫ ネンポウ一千万円。
⑬ 努力にムクいる。
⑭ ケビョウを使う。
⑮ 会社をヤめる。

❷			
①	⑤	⑨	⑬
②	⑥	⑩	⑭
③	⑦	⑪	⑮
④	⑧	⑫	

各2点

❸ 熟語の読みについて、次の問いに答えなさい。

(1) 次の熟語の読みとして当てはまるものをあとから選び、記号で答えなさい。

❶ 石橋　❷ 雨具　❸ 台所
❹ 塩気　❺ 役場　❻ 絵本

ア 音＋音　イ 訓＋訓
ウ 重箱（じゅうばこ）読み（音＋訓）　エ 湯桶（ゆとう）読み（訓＋音）

(2) ――線の熟語の漢字として正しいものを、それぞれあとから選び、記号で答えなさい。

❶
a 海外移住のイシを固める。
b イシ表示を明確に行う。
c 亡（な）き会長のイシを継ぐ。

ア 意志　イ 意思　ウ 遺志

❷
a 真理をツイキュウする。
b 幸福をツイキュウする。
c 責任の所在をツイキュウする。

ア 追及　イ 追求　ウ 追究

❸			
(1)	❶	❷	❸
	❹	❺	❻ 各2点
(2)	❶ a	b	c
	❷ a	b	c 各2点

❹ 次の文から同音異義語の誤りを抜き出し、正しい熟語に直して書きなさい。

例 校庭を解放する。　解放→開放

❶ 技術の確信は目覚ましい。
❷ 以外に会場には余裕があった。
❸ 人類の期限について研究する。
❹ 年末は故郷に規制することにした。

❹	
❶ →	❷ →
❸ →	❹ → 各4点

テストに出る

● 熟語の読み

重箱読み　上を音読み、下を訓読みにする熟語。
例 番組（バン＋ぐみ）　新型（シン＋がた）

湯桶読み　上を訓読み、下を音読みにする熟語。
例 見本（み＋ホン）　手帳（て＋チョウ）

同音異義語　発音は同じで、意味が異なる熟語のこと。
例 公園　公演　講演
意味を考えて使い分ける。
例 対照＝照らし合わせて比べる。
対象＝目指す目標とするもの。
対称＝互いにつり合いをとる。

Step 1

走れメロス

15分

❶ 文章を読んで、問いに答えなさい。

▼㊎202ページ4行〜203ページ17行

「この短刀で何をするつもりであったか。言え！」暴君ディオニスは静かに、けれども威厳をもって問いつめた。その王の顔は蒼白（そうはく）で、眉間のしわは、刻みこまれたように深かった。

「町を暴君の手から救うのだ。」とメロスは悪びれずに答えた。

「おまえがか？」①王は、憫笑（びんしょう）した。「しかたのないやつじゃ。おまえには、わしの孤独（こどく）がわからぬ。」

「言うな！」とメロスは、いきりたって反駁（はんばく）した。「人の心を疑うのは、最も恥ずべき悪徳だ。王は、民の忠誠をさえ疑っておられる。」

「疑うのが、正当の心構えなのだと、わしに教えてくれたのは、おまえたちだ。人の心は、あてにならない。人間は、もともと私欲のかたまりさ。信じては、ならぬ。」暴君は落ち着いてつぶやき、ほっとため息をついた。「わしだって、平和を望んでいるのだが。」

「なんのための平和だ。自分の地位を守るためか。」②今度はメロスが嘲笑した。「罪のない人を殺して、なにが平和だ。」

「黙れ。」王は、さっと顔を上げて報いた。「口では、どんな清らかなことでも言える。わしには、③人のはらわたの奥底が見えすいてならぬ。おまえだって、今に、はりつけになってから、泣いてわびたって聞かぬぞ。」

「ああ、王はりこうだ。うぬぼれているがよい。私は、ちゃんと死

(1) ——線①「王は、憫笑した」とありますが、なぜ王は憫笑したのですか。次から一つ選び、記号で答えなさい。

ア 深い苦悩を理解しないメロスの単純さをばかにしたから。
イ 命をねらわれる心配のないメロスがうらやましかったから。
ウ 自分を「暴君」と言ったメロスに怒りを感じたから。

（　　）

(2) ——線②「今度はメロスが嘲笑した」とありますが、なぜメロスは嘲笑したのですか。次から一つ選び、記号で答えなさい。

ア 平和を望んでいるという王の言葉がうれしかったから。
イ 人を殺す王が平和を望むというのは矛盾すると感じたから。
ウ 人の心は信じられないという王を哀れに思ったから。

（　　）

(3) ——線③「人のはらわたの奥底が見えすいてならぬ」について答えなさい。

❶ 王は人間をどのようなものだと考えていますか。文章中から七字で抜き出しなさい。

□□□□□□□

❷ ❶のような王の考え方と対照的なメロスの考えを文章中から一文で探し、初めの五字を抜き出しなさい。

□□□□□

ぬる覚悟でいるのに。命乞いなど決してしない。ただ、――」と言いかけて、メロスは足もとに視線を落とし瞬時ためらい、「ただ、私に情けをかけたいつもりなら、処刑（しょけい）までに三日間の日限を与えてください。たった一人の妹に、亭主をもたせてやりたいのです。三日のうちに、私は村で結婚式を挙げさせ、必ず、ここへ帰ってきます。」

「ばかな。」と暴君は、しわがれた声で低く笑った。「とんでもないうそを言うわい。逃がした小鳥が帰ってくるというのか。」

「そうです。帰ってくるのです。」メロスは必死で言いはった。「私は約束を守ります。私を、④三日間だけ許してください。妹が、私の帰りを待っているのだ。そんなに私を信じられないならば、よろしい、この町にセリヌンティウスという石工がいます。私の無二の友人だ。あれを、人質（ひとじち）としてここに置いていこう。私が逃げてしまって、三日めの日暮れまで、ここに帰ってこなかったら、あの友人を絞め殺してください。頼む、そうしてください。」

それを聞いて王は、⑤残虐な気持ちで、そっとほくそ笑んだ。生意気なことを言うわい。どうせ帰ってこないに決まっている。このうそつきにだまされたふりして、放してやるのもおもしろい。そうして身代わりの男を、三日めに殺してやるのも気味がいい。人は、これだから信じられぬと、わしは悲しい顔して、その身代わりの男を磔刑（たっけい）に処してやるのだ。世の中の、正直者とかいうやつばらにうんと見せつけてやりたいものさ。

太宰 治「走れメロス」〈『太宰治全集3』〉より

❶(4) ――線④「三日間だけ許してください」について答えなさい。

これと同じ内容の部分を文章中から十九字で探し、初めの五字を抜き出しなさい。

□□□□□

❷ メロスがこのように頼んだのはなぜですか。次から一つ選び、記号で答えなさい。

ア 三日あれば十分遠くの村へ逃げられると思ったから。

イ 妹に自分は王に殺されるということを伝えたかったから。

ウ 村で待っている妹に結婚式を挙げさせたかったから。

（　）

(5) ――線⑤「残虐な気持ち」とありますが、このときの王の気持ちとして当てはまらないものを次から一つ選び、記号で答えなさい。

ア 人の心は信じられないことを人々に見せつけたい。

イ メロスと身代わりの男を二人とも殺してしまおう。

ウ メロスにだまされたふりをして身代わりを処刑しよう。

（　）

ヒント

(1) 「憫笑」とは、哀れみの気持ちで笑うこと。メロスに対する、「しかたのないやつじゃ。おまえには、わしの孤独がわからぬ」という王の言葉に注目しよう。

(3) 王もメロスもそれぞれ自分の考えを語っている。❷は、二人の言葉に注目し、「対照的」な言葉を捉えよう。

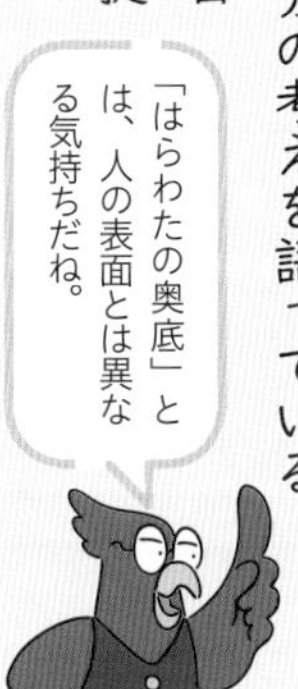

「はらわたの奥底」とは、人の表面とは異なる気持ちだね。

Step 2

走れメロス

20分

／100
目標 75点

1 文章を読んで、問いに答えなさい。思

▼教212ページ1行～213ページ11行

道行く人を押しのけ、跳ね飛ばし、メロスは黒い風のように走った。野原で酒宴の、その宴席のまっただ中を駆け抜け、酒宴の人たちを仰天させ、犬を蹴飛ばし、小川を飛び越え、①少しずつ沈んでゆく太陽の、十倍も速く走った。一団の旅人とさっとすれ違った瞬間、不吉な会話を小耳にはさんだ。「今頃は、②あの男も、はりつけにかかっているよ。」ああ、その男、その男のために私は、今こんなに走っているのだ。その男を死なせてはならない。急げ、メロス。遅れてはならぬ。愛と誠（まこと）の力を、今こそ知らせてやるがよい。風態（ふうてい）なんかは、どうでもいい。メロスは、今は、ほとんど全裸体であった。呼吸もできず、二度、三度、口から血が噴き出た。見える。はるか向こうに小さく、シラクスの町の塔楼が見える。塔楼は、夕日を受けてきらきら光っている。

「ああ、メロス様。」うめくような声が、風とともに聞こえた。

「誰だ。」メロスは走りながら尋ねた。

「フィロストラトスでございます。あなたのお友達セリヌンティウス様の弟子でございます。」③その若い石工も、メロスの後について走りながら叫んだ。「もう、だめでございます。無駄でございます。走るのは、やめてください。もう、あのかたをお助けになることはできません。」

(1) ――線①「少しずつ沈んでゆく太陽の、十倍も速く走った」とありますが、メロスの走る様子をどのように表現していますか。文章中から七字の言葉で抜き出しなさい。

(2) ――線②「あの男」とありますが、誰のことですか。文章中から十字以内で抜き出しなさい。

(3) この文章には、メロスの心の声（心内語）が記されています。若い石工フィロストラトスと出会う前の部分から、連続する幾つかの文で探し、初めと終わりの五字を抜き出しなさい。（句読点も字数に含む。）

(4) ――線③「その若い石工も、メロスの後について走りながら叫んだ」とありますが、石工はメロスにどのようなことを伝えようとしたのですか。

(5) ――線④「ほんの少し、もうちょっとでも、早かったなら！」とありますが、これに続く言葉を答えなさい。

(6) ――線⑤「刑場に引き出されても、平気でいました」とありますが、「平気」でいられたのはどうしてですか。

点UP

(7) ――線⑥「わけのわからぬ大きな力」とありますが、どんな力ですか。次の文の（　）に当てはまる言葉を、文章中から指定の字数で抜き出しなさい。

（a　十字）とか、（b　三字）とかの問題でなく、人間の存在を支える（c　五字）。

「いや、まだ日は沈まぬ。」

「ちょうど今、あのかたが死刑（しけい）になるところです。ああ、あなたは遅かった。お恨み申します。④ほんの少し、もうちょっとでも、早かったなら！」

「いや、まだ日は沈まぬ。」メロスは胸の張りさける思いで、赤く大きい夕日ばかりを見つめていた。走るよりほかはない。

「やめてください。走るのは、やめてください。今はご自分のお命が大事です。あのかたは、あなたを信じておりました。⑤刑場に引き出されても、平気でいました。王様が、さんざんあのかたをからかっても、メロスは来ます、とだけ答え、強い信念をもち続けている様子でございました。」

「それだから、走るのだ。信じられているから走るのだ。間に合う、間に合わぬは問題でないのだ。人の命も問題でないのだ。私は、なんだか、もっと恐ろしく大きいもののために走っているのだ。ついてこい！　フィロストラトス。」

「ああ、あなたは気がくるったか。それでは、うんと走るがいい。ひょっとしたら、間に合わぬものでもない。走るがいい。」

　言うにや及ぶ。まだ日は沈まぬ。最後の死力を尽くして、メロスは走った。メロスの頭は、空っぽだ。なにひとつ考えていない。ただ、⑥わけのわからぬ大きな力に引きずられて走った。日は、ゆらゆら地平線に没し、まさに最後の一片の残光も、消えようとしたとき、メロスは疾風のごとく刑場に突入した。間に合った。

太宰　治「走れメロス」〈『太宰治全集３』〉より

❷ ――線のカタカナを漢字で書きなさい。

❶ ビンカンな反応。
❷ ハナヨメのドレス。
❸ 選手センセイをする。
❹ ミニクい争い。

❶ (1)	(2)	(3)	(4)	(5)	(6)	(7) a	b	c	❷ ❶	❷	❸	❹
		〜										
10点	10点	10点	10点	10点	10点	完答20点			各5点			

Step 2

漢字を身につけよう⑨
（走れメロス～漢字を身につけよう⑨）

20分

／100
目標 75点

1 ――線の漢字の読み仮名を書きなさい。

1 邪知暴虐
2 花婿が挨拶する。
3 警吏が囲む。
4 眉間に当たる。
5 皆の嘲笑を買う。
6 今宵は満月だ。
7 拳をあげる。
8 橋桁を歩く。
9 山賊に襲われる。
10 人を欺く。
11 抱擁をかわす。
12 田舎に住む祖母。
13 砂利を敷く。
14 意気地がない。
15 若人の祭典。

1

1	5	9	13
2	6	10	14
3	7	11	15
4	8	12	

各2点

2 カタカナを漢字に直しなさい。

1 命ゴいをする。
2 テイシュ関白
3 袴（はかま）姿のシンロウ。
4 酒にヨう。
5 河川のハンラン。
6 ナグり倒す。
7 ラタイの子供。
8 ジョジョに進む。
9 被害モウソウ
10 進路にナヤむ。
11 オニの面。
12 車をコウニュウする。
13 カンゲン楽の曲。
14 ムスコと遊ぶ。
15 ユクエを探す。

2

1	5	9	13
2	6	10	14
3	7	11	15
4	8	12	

各2点

3 ――線の言葉の意味をそれぞれあとから選び、記号で答えなさい。

❶ 祖父は五十年ぶりに竹馬の友と会ったそうだ。
ア 親しい友人のこと。
イ 同級生のこと。
ウ 幼なじみのこと。

❷ あと一歩で勝利を逃し、じだんだ（を）踏む。
ア 激しく地面を踏んで悔しがること。
イ 地面を軽く踏み続けてごまかすこと。
ウ 地面から飛び上がって喜ぶこと。

❸ 彼女が転校するといううわさを小耳にはさむ。
ア 探って聞くこと。
イ 偶然にちらっと聞くこと。
ウ はっきりと聞くこと。

❹ 決勝戦ではチーム一丸となって死力を尽くす。
ア ありったけの力を出して頑張ること。
イ 全員の力を集めて切り抜けること。
ウ ほどほどの力を使って乗り切ること。

3	
❶	
❷	
❸	
❹	

各4点

4 ――線の漢字の読み仮名を書きなさい。

❶ 貪欲に新しい知識を吸収する。
❷ 話し合いで妥協点を見いだす。
❸ 頼りなさそうな彼が辣腕をふるう。
❹ 自分の怠慢から迷惑をかける。
❺ 辛抱したおかげでうまくいった。
❻ 店舗全体の売り上げの累計を出す。
❼ 新曲がヒットして人気が沸騰する。
❽ リストから該当者を抽出する。

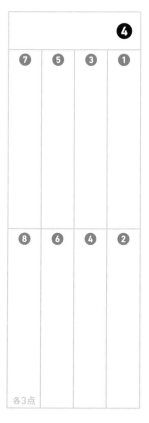

4			
❶	❸	❺	❼
❷	❹	❻	❽

各3点

Step 2

文法のまとめ

20分

／100

目標 75点

1 ――線の用言に当てはまるものをあとから選び、記号で答えなさい。

1 周辺の山々はとてもけわしく見えた。
2 母にささやかなプレゼントを贈った。
3 被災地でボランティア活動をする。
4 人手がいるので友達に手伝ってもらう。

ア 動詞　イ 形容詞　ウ 形容動詞
エ 補助動詞　オ 補助形容詞

2 次の（　）に当てはまる助詞をあとから選び、記号で答えなさい。

1 どこ（　）話の中心があるか、さっぱりわからない。
2 雨が降っている（　）、部屋で読書をしよう。
3 今度（　）優勝するつもりだ。〔強調〕
4 子供たち（　）無事であればいい。

ア ので　イ こそ　ウ を　エ に　オ さえ

1	2
1	1
2	2
3	3
4	4
各5点	各5点

3 ――線の助動詞の意味をあとから選び、記号で答えなさい。

1 このシャツはまだ着られる。
2 ペンキで書かれた落書きを消す。
3 市長が式典で祝辞を述べられる。
4 古城から昔の栄華がしのばれる。
5 なんとなく今夜は雨が降りそうだ。
6 天気予報によれば今夜は雨が降るそうだ。
7 昨夜は風が強かったようだ。
8 まるで夢を見ているようだ。
9 歌手のように歌がうまくなりたい。

ア 受け身　イ 自発　ウ 可能　エ 尊敬　オ 伝聞
カ 様態　キ たとえ　ク 例示　ケ 推定

4 次の文の種類をあとから一つ選び、記号で答えなさい。

皆が応援してくれたので、私は大会で優勝できた。

ア 単文　イ 複文　ウ 重文

3		
1	5	9
2	6	4
3	7	
4	8	

各6点（3）　6点（4）

テスト前 ☑ やることチェック表

① まずはテストの目標をたてよう。頑張ったら達成できそうなちょっと上のレベルを目指そう。
② 次にやることを書こう（「ズバリ英語○ページ，数学○ページ」など）。
③ やり終えたら□に✔を入れよう。
最初に完ぺきな計画をたてる必要はなく，まずは数日分の計画をつくって，
その後追加・修正していっても良いね。

目標

	日付	やること1	やること2
2週間前	／	□	□
	／	□	□
	／	□	□
	／	□	□
	／	□	□
	／	□	□
	／	□	□
1週間前	／	□	□
	／	□	□
	／	□	□
	／	□	□
	／	□	□
	／	□	□
	／	□	□
テスト期間	／	□	□
	／	□	□
	／	□	□
	／	□	□
	／	□	□

QRコードのページに登録すると，「ぴたリンク」からも表をダウンロードできるよ

キリトリ線

テスト前 ☑ やることチェック表

① まずはテストの目標をたてよう。頑張ったら達成できそうなちょっと上のレベルを目指そう。
② 次にやることを書こう（「ズバリ英語○ページ，数学○ページ」など）。
③ やり終えたら□に✔を入れよう。
最初に完ぺきな計画をたてる必要はなく，まずは数日分の計画をつくって，
その後追加・修正していっても良いね。

目標

	日付	やること 1	やること 2
2週間前	／	□	□
	／	□	□
	／	□	□
	／	□	□
	／	□	□
	／	□	□
	／	□	□
1週間前	／	□	□
	／	□	□
	／	□	□
	／	□	□
	／	□	□
	／	□	□
	／	□	□
テスト期間	／	□	□
	／	□	□
	／	□	□
	／	□	□
	／	□	□

QRコードのページに登録すると，「ぴたリンク」からも表をダウンロードできるよ

三省堂版 国語2年 ― 定期テスト ズバリよくでる ― 解答集

〈本体から外してお使いください〉

名づけられた葉

2～3ページ Step 1

❶ (1) イ
(2) ポプラの葉
(3) ウ
(4) 例 自分らしくかがやけるような生き方を考えていかなければならない。

―考え方―

❶ (1) 「緑の小さな手」にたとえられているのは「ポプラの葉」。ポプラをまるで人間のように表現しているので、擬人法である。
(2) 「わたしだけの名」というのは、人間一人一人がもっている、自分だけの名前のことである。それに対して、ポプラの葉には一枚一枚に名前があるわけではなく、すべて「ポプラの葉」と呼ばれる。
(3) ここには倒置が用いられていることに注意しよう。「葉脈の走らせ方を」「刻みのいれ方を」「うつくしく散る法を」「考えなければならない」といっている。自分は個として名前をもつのだから、自分らしく生きる方法について「考えなければならない」と、自分に言い聞かせているのである。
(4) 第一連では名前をもたない「ポプラの葉」について述べ、第二連ではそれに対して、自分だけの名前をもっている「わたし」に思いをはせている。それを受けて第三連では、「うつくしく散る」日まで、「わたし」らしく、精いっぱい生きなければならないという。これがこの詩にこめられた作者の思い（主題）である。

セミロングホームルーム

4～5ページ Step 1

❶ (1) あの夏、セ
(2) 保健室から～での道のり
(3) イ
(4) ウ
(5) 瀬尾くん…デリケート／いつも控えめで無口（順不同）
トリノ…真面目でいいやつ／私よりもずっと頭のいい（順不同）

―考え方―

❶ (1) 「わかっているはずだ」とは、トリノは「セミの種類」を知っているはずだということ。――線①の直後に、「小六の夏休みに、トリノは……自由研究をしていた。あの夏、セミの体のつくりから抜け殻の見つけ方まで、彼は熱心に調べていたから。」とある。
(3) 「私」とトリノは「瀬尾くんがセミを連れてきたこと」を「クラスのみんな」に知られたくないと思っている。先生に注意されて注目を浴び、その結果「瀬尾くんの背中にセミ」がばれてしまわないか、とトリノは心配しているのである。特に何もないような普通の態度でいろ、ということ。
(4) 前の段落で、ロングホームルームの「時間（＝対処方法を考える時間）はある」といっているにもかかわらず、「時間はそれほど残されていない」という理由は、セミが突然ミーンミーンと鳴き始めたら、みんなが騒ぎ出して、瀬尾くんを守ることができなくなるからである。いつ、セミが鳴き始めるのかわからないという意味で、時間がないといっている。

セミロングホームルーム

6〜7ページ　Step 2

❶ (1) a 瀬尾くんの背中　b ロング

(2) 例 自習になるとクラスのざわめきが消えてしまうので、もしセミが鳴きだしたら聞こえてしまうということ。

(3) 光の速さ（で）

(4) イ

(5) 例 瀬尾くんはセミに気づいていないと思って、注意してセミを取り除いたが、実は瀬尾くんは知っていたことに驚いたから。

例 瀬尾くんに気づかれないように苦労してセミを取り除いたが、瀬尾くんはセミに気づいていたとわかり、驚いたから。

❷ ①真剣　②閉鎖　③経過　④爆笑

考え方

❶ (1) 「本当の」という言葉に注意しよう。前に「全然ロングじゃない」とあることから、時間の長さについて「セミロング」といっていることはわかるだろう。また、瀬尾くんの背中のセミをなんとかしようと試行錯誤している「ロングホームルーム」という意味で、「セミ」に昆虫の「セミ」をかけている。それを直後で「ばかばかしい考え」ともいっている。

(2) このあと、セミを放り出したとき、「その去り際の鳴き声は、クラスの喧騒の中で無事にかき消された」とある。「喧噪」がなければ、鳴き声がクラス中に聞こえたと思われる。クラスのざわめきに助けられているのだ。

(3) トリノがセミを窓の外へ放り出した動きの速さを、「光」にたとえている。

(4) セミが瀬尾くんの背中にいることは、クラスの誰にも知られなかった。もし知られたら、瀬尾くんに注目が集まってしまったことだろう。それは避けられたのである。黒岩先生はこの状況をわかっているので、ウは合わない。

(5) トリノがセミを放り投げたところの描写に注目しよう。「音をたてないように立ち上がると、……そろそろと手を伸ばし、……そっとつまんだ。…光の速さで外に放り投げた」とあるように、トリノは瀬尾くんにも気づかれないよう細心の注意をはらって、セミを取り除いた。瀬尾くんはセミに気づいていないと思っていたのである。それが突然、瀬尾くんが振り返って「ありがとう」と言ったので、トリノは愕然として、座れなくなったのである。

言葉発見①／漢字を身につけよう①

8〜9ページ　Step 2

❶ ①がら　②くさり　③ひか　④こくふく　⑤たんれん　⑥きゅうけい　⑦くぶくりん　⑧ねんざ　⑨ちゆ　⑩きょうせい　⑪かいたく　⑫あいぞ　⑬きんちゃく　⑭かいこ　⑮ちゅうさい

❷ ①妙　②剣　③臆病　④踏　⑤親戚　⑥渋　⑦苗木　⑧懐中　⑨舞踏　⑩掃除　⑪並行　⑫器　⑬衣　⑭貴　⑮小銭

❸ (1) ①イ　②エ　③ウ　④ア

(2) ①いらっしゃる　②なさる　③くださる　④おっしゃる

(3) ①申す（申しあげる）　②いただく（頂だいする）　③拝見する　④いたす

(4) ①申しておりました　②〇　③〇　④差しあげた

考え方

❸ (1) 敬語は尊敬語・謙譲語・丁寧語の三つの種類がある。

(4) 動詞が相手の行為であれば尊敬語、自分であれば謙譲語。

①身内（父）は自分と同じあつかいなので謙譲語に直す。

②「飲む」というのは相手の行為なので尊敬語。

③「行く」というのは自分の行為なので謙譲語。

④「あげる・与える」は「私」の行為なので謙譲語に直す。

じゃんけんは、なぜグー・チョキ・パーの三種類なのか

10〜11ページ **Step 1**

❶ (1) ウ
(2) 二種類のじ
(3) 結局、三種類のじゃんけんと同じこと
(4) ア
(5) そこで、パ
(6) イ

考え方

❶ (2) ――線②の次の段落で二種類のじゃんけんの場合について考察し、「二種類のじゃんけんでは、物事を決めるための手段としては役に立たない」と結論づけている。

(4) 第一段落の最後に「矢印は、勝ちから負けに向けてあります」とあることをふまえて、図2を見てみよう。ピンはグーに勝ち、グーはチョキに勝ち、チョキはパーに勝ち、パーはピンに勝つ。それぞれ、一つの手に対しては勝ち（負け）を決めているが、その他の、例えばパーとグーでの勝ち負けはわからない。

(5) 「このルール」とは図3の関係のこと。四種類のじゃんけんでは「四つが一組で、ぐるぐる回る関係」だが（第六段落）、これではじゃんけんにならないので新たにルールを付け加えてみたが（第七段落）、意味をなさなかった（第八段落）と述べられている。第七段落の「そこで、パーとグーでは……チョキが勝つとします」が加えられたルール。

(6) 文章では二種類と四種類のじゃんけんについて、二種類のじゃんけんは成り立たない（第五段落）、四種類のじゃんけんは不公平になる（第八段落）と述べられている。四種類は「平等にはならない」というイが合っている。ア「ルールによっては何種類でも可能」、ウ三種類は「不公平な関係」という内容は述べられていない。

人間は他の星に住むことができるのか

12〜13ページ **Step 1**

❶ (1) ① Ⅰ地球から最も近い
Ⅱ a水　b大気　c六分の一程度
② イ・エ（順不同）
③ a太陽　bほとんどない　c水
(2) エ

考え方

❶ (1) この文章は「人間が他の星に移り住むため」の条件について、「月」「金星」「水星」について検証している。それぞれを整理して読み取ろう。
②「金星」について。――線③のある段落の、重力について書かれている内容に、イは当てはまる。次の段落に「温室効果によって、金星の表面温度は五〇〇度近くもあり、たとえ水があったとしても、全て蒸発してしまいます」とあり、エは正しいが、ウ「適度」は合わない。第二段落に「月は地球から最も近い天体」とあることからアは誤りとわかる。
③「水星」については最後の段落に書かれている。a「太陽に最も近く」、b「大気もほとんどない」、c「水を確保することはできません」からそれぞれ抜き出す。

人間は他の星に住むことができるのか

14〜15ページ **Step 2**

❶ (1) ウ
(2) 火星の一日〜に近いこと
(3) 例 火星に、人間が生きていくために必要な水があるかどうかを調べるため。
(4) 一時期に大〜出てできた

(5) ①例 火星の水が地下に永久凍土として埋まっているということ。
②例 地球に比べて太陽から遠く、表面温度が低いから。
(6) 例 火星の大気を増やし、地表温度を上げて地下の氷を溶かし、地球と同じような空気と水のある惑星にする。
例 地球と同じような温暖な空気と水のある惑星になるように、火星の大気を増やし、地表温度を上げて、地下の氷を溶かす。

❷ ① 奇跡 ② 汚染 ③ 到達 ④ 姉妹

一考え方一

❶ (1) ——線①のあとに、火星の重力は「地球の約四割」で、「人間の健康」に及ぼす影響はよくわかっていないが、「月の重力と比べれば、火星では比較的安定して暮ら」せるとあるので、ウは合う。ア「影響を及ぼさない」、イ「影響が大きい」とは述べられていない。

(2) 「このこと」が指しているのは、直前の文の内容「火星の一日の長さが地球の一日に近いこと」である。

(3) ——線③の前に「火星には人間が生きていくために必要な水はあるのでしょうか」という問いがある。アメリカが火星探査を続けてきたのは、この問いを解明するためである。

(4) 次の一文に「これは、一時期に大量の水が流れ出てできたのではないか」とある。「これ」は「チャネル」を指している。

(5) ①「眠っている」は擬人法。前に「かつて火星に存在した水の一部が、地下に永久凍土として埋まっている」とある。
②直前の二文の内容に注目する。「火星は太陽から遠い」こと、「表面温度はマイナス四三度、最低温度はマイナス一四〇度」と低いことを、地球と比較した文としてまとめる。

(6) 「私たちが火星に移り住む」ためには、火星を「地球と同じような温暖な空気と水をもった惑星」にしなければならない。具体的には、地下の氷を溶かして水を得る、そのためには、大気を増やして、地表温度を上げる必要がある、ということである。

言葉発見②／漢字を身につけよう②

16～17ページ Step 2

❶ ①しょくりょう ②ゆいいつ ③たいせき ④とうど ⑤と ⑥がいとう ⑦こうせい ⑧りゅうき ⑨かこく ⑩ちゅうすう ⑪しんてい ⑫ひよく ⑬ひた ⑭かじょう ⑮げり

❷ ①恵 ②噴火 ③撮影 ④洪水 ⑤埋 ⑥眠 ⑦契約 ⑧扇風機 ⑨倹約 ⑩尚早 ⑪盲点 ⑫削除 ⑬捕手 ⑭叫 ⑮症状

❸ ①aさぐ bさが ②aやわ bなご ③aさ bちゃ ④aくら bぞう ⑤aおごそ bきび ⑥aわらべ bどう ⑦ひ ⑧じょう

❹ ①イ ②エ ③ウ ④ア

一考え方一

❹ ①「手伝えよ」と命令している。②「もし時間があるなら」と相手の都合に配慮(はいりょ)している。③「当然」と手伝いを押しつけている。④「お手伝いいただく」は敬語表現。

短歌の世界／短歌十首

18～19ページ Step 1

❶ (1) 例 言葉を厳しく選び、磨くということ。
(2) 恋の歌／家族のやりとり／旅先での会話（順不同）
(3) エ

❷ (1) G (2) ア (3) ①B ②F ③E ④A ⑤D

一考え方一

❶ (2) この歌を「恋の歌と受け止めた人」もいれば、「ある人は……と捉え」、「ある人は……を思い浮かべ」と述べている。

(3) 歌の最後を「あたたかさ」という体言（名詞）で言い終えているので、「体言止め」である。

❷

(2) 「母のいのち」が今にも尽きてしまいそうで、「一目見ん」（一目でいいから会いたい）と思い、急いでいる。

(3) ①Bの歌にある「その子」は、作者自身のことと思われる。若さと美しさの絶頂にある二十歳の娘（自分）を誇る歌である。
②Fには句読点が使用されている。鮮やかな葛の花の色に驚き、こんな山道を自分より先に歩いている人がいるのだ、という思い。
③Eの「空に吸はれし十五の心」からは、空を見上げて思い悩む少年の姿が浮かんでくる。「心」で終わっているので体言止め。
④Aは、薔薇の芽の針に春雨が優しく降っているという情景を、見たまま描いている。情景写生は、正岡子規が提唱した短歌革新の方法。
⑤Dは、鉛筆を削るという日常的な行為によって、赤と緑の美しい色の対比に気づいた感動を詠んでいる。

文法の窓１

20〜21ページ Step 2

❶ ①とうこうらん ②みが ③じょうきょう ④しぼ ⑤れんあい ⑥ちんちょう ⑦かいむ ⑧し ⑨けんま ⑩とくちょう ⑪きび ⑫とら ⑬かんらん ⑭かみ ⑮けず

❷ ①恋 ②珍 ③魔法 ④繰 ⑤皆 ⑥揺 ⑦鉛筆 ⑧寝 ⑨染 ⑩踏 ⑪帽子 ⑫猫 ⑬奇妙 ⑭顕微鏡 ⑮自慢

❸ (1) ①ア ②オ ③ウ ④エ ⑤ア ⑥イ ⑦イ ⑧ウ
(2) ①ア ②ウ ③カ ④エ ⑤ア ⑥オ ⑦イ ⑧イ
(3) ア・エ（順不同）

―考え方―

❸ (1) 五段活用、上一段活用、下一段活用の動詞は、助動詞の「ない」をつけたとき、それぞれア段、イ段、エ段になることで判別する。変格活用は限られた動詞。①飲ま（ない）＝五段、②勉強する＝サ変、③投げ（ない）＝下一段、④来る＝カ変、⑤回さ（ない）＝五段、⑥浴び（ない）＝上一段、⑦降り（ない）＝上一段、⑧出（ない）＝下一段。
(2) 動詞の活用形は下にどのような言葉が続くかで決まる。①「ない」は未然形に接続する。②言い切りなので終止形。③命じているので命令形。④体言（名詞）に接続するので連体形。⑤「う」は未然形に接続する。⑥「ば」は仮定形に接続する。⑦「た」は連用形に接続する。⑧動詞（用言）に続くので連用形。
(3) ア「いる」という動詞本来の意味がないので、補助動詞。イ「見る」という動詞。ウ「ある・ない」の「ない」。エ「暑くはない」といえるので補助形容詞。

壁に残された伝言

22〜23ページ Step 1

❶ (1) a 八月六日 b 原爆
(2) イ
(3) 階段近くの壁一面に書かれた伝言
(4) ウ
(5) a 白い b 黒かった

―考え方―

❶ (1) 「半世紀以上も前の『あの日』」、「八月六日の原爆の日に放送する特別番組を作るために、『あの日』をたどる取材を始めた」から、「あの日」とは、一九四五年八月六日、広島に原子爆弾が投下された日とわかる。
(3) 「文字らしきもの」が見つかったときに「あれではないか」と思ったのだから、「あれ」は「文字らしきもの」に関わる何か。直前の文にある、広島平和資料館に展示されていた写真の中の「伝言」のこと。十五字で抜き出そう。

(4) ——線④の前後の文を丁寧に読む。「いくつもの偶然（ぐうぜん）」に挙げられるものは、壁が剝がれたこと、写真が撮られたこと、写真がみんなに知られたこと、校舎が取り壊される前に「伝言」が発見されたこと、壁の下の文字が奇跡的に保存されていたこと。したがって、ウ「校舎が取り壊された直後」が誤り。

壁に残された伝言

24〜25ページ Step 2

❶
(1) 例 原爆の直後に愛する人の行方を必死で探した人たち。
(2) 例 広島市内に残る被爆建物も僅かになり、被爆体験の風化が叫ばれるようになっていたから。
(3) 例 伝言に何が書いてあるのかわからなかったから。
(4) 例 家族などの関係者たちが伝言の文字をいとも簡単に読み、すぐその意味を理解したこと。
(5) イ
(6) 例 伝言の文字を書いた人たちの必死な思いを想像し、とても言葉に表せないという気持ち。
例 愛する人の行方を探す人たちの必死さが伝わってきて、言葉もないという気持ち。
(7) 現代の私た〜あり、証人

❷ ①替 ②寮 ③廊下 ④硫酸

—考え方—

❶
(1) 「無限に連鎖する『あの日』」の冒頭文に、「原爆の直後、愛する人の行方（ゆくえ）がわからず、必死で探す人が書いた伝言」とある。
(2) 第二段落の最後の「市内に残る被爆建物が僅（わず）かになり、被爆体験の風化が叫ばれる二十世紀の終わり」に注目しよう。
(3) 「途方に暮れる」は慣用句（決まった言い回し）で、どうしてよいかわからなくなること。筆者は、伝言に何が書いてあるのか判別できなかったのである。
(4) ——線④直後に「彼らはいとも簡単にそのかすれた文字を読み、『ああそうだったのか。』とつぶやいた」とある。「彼ら」とは、伝言を残した人の家族などの関係者。筆者が読めずに途方に暮れていた伝言をいとも簡単に読み、理解したことに驚いたのである。
(5) このあとの文章を読み取ろう。「涙が出た」のは、その「伝言」の文字に心を揺さぶられたから。筆者はこのとき、伝言の背後にある、行方不明の人を探す人たちの思いを実感した。
(6) 「口をつぐむ」とは、口を閉じて黙るという意味。文字を前にして、伝言を記した人たちの必死な気持ちが胸に迫ってきて、言葉を発することもできないのである。
(7) 最後の段落に注目する。「被爆の伝言」を「遺産であり、証人」と述べている。

漢字を身につけよう③

26〜27ページ Step 2

❶ ①ひばく ②こんせき ③こうむ ④はくり ⑤だいたい ⑥えんてんか ⑦はろう ⑧わんきょく ⑨すいせん ⑩いしゅく ⑪わいろ ⑫かお ⑬せつな ⑭しっそう ⑮じょくん

❷ ①地獄 ②剝 ③炎 ④払 ⑤雨露 ⑥一致 ⑦勧告 ⑧基礎 ⑨励 ⑩壮大 ⑪名簿 ⑫贈 ⑬間隔 ⑭駐車 ⑮素朴

❸ ①ウ ②ア ③イ ④ア

❹ ①aがん bまなこ ②aばく bぼう ③aわざわ bさい ④aせい bじょう ⑤aじび bはな ⑥aやまい bや

—考え方—

❸ ①「鑑」は音読みが「カン」で「図鑑」「鑑定」などの熟語がある。
③「ふうか」と読む。

一〇〇年後の水を守る

28～29ページ Step 1

❶ (1) ①人間が利用できる淡水　②ア
(2) 生命を維持するため／衛生を保つため（順不同）
(3) イ
(4) ①地下水　②巨大な地下～れてしまう

ー考え方ー

❶ (1) ②第二段落の最後に「汚染が進んで使える水の量は減り続けている」、第三段落の初めに「人口増加と産業の発達によって、使う水の量は増え続けている」とある。
(2) 「飲み水や体を洗う水などの、……『見える水』」とあることに注目しよう。「飲み水や体を洗う水」は、この前に述べられている「生命を維持するため」の水分、「手洗いや洗面などの衛生を保つための水」である。
(4) ①最後の段落に「地下水をくみ上げて、スプリンクラーで畑にまいている」とある。
②文章末に「この巨大な地下水脈もこのままでは枯れてしまうといわれている」とある。

一〇〇年後の水を守る

30～31ページ Step 2

❶ (1) 例節水／雨水の利用／水の再利用（順不同）
(2) ウ
(3) 例食べきれる分だけ作って、食べきること。
(4) a屋根に降った雨　b森林　c水田
(5) 例工業用水を再利用する技術。
(6) ①例世界の問題であり、将来の問題である。
②例自然の摂理の中で身近な水を大切に使い、水を育む生活をすること。
例自然の摂理の中で身近な水を大切に使うこと、将来のために水を育む生活をすること。

❷ ①循環　②鶏　③栽培　④巨大

ー考え方ー

❶ (1) 段落の初めの接続語に注目しよう。第二段落「まず、『節水』から考えてみよう」、第四段落「次に、……『雨水利用』の方法を考えることも大切」、第六段落「また、日本では、……水を繰り返し使う『再利用』の技術が進んできている」と三つ挙げられている。
(2) 「バーチャルウォーター」（仮想水）とは、飲み水や体を洗う水ではなく、農業や工業で使用される水のこと。ここでは、食料を生産するために用いられる水のことが述べられている。
(3) 「これ」が指す内容は直前の文にある。その内容が「最大の節水なのである」に続くように文を書き換える。「節水」と「無駄にはならない」が同じ意味であることに注意しよう。
(4) ――線④の前の段落に、「雨水利用」の一つとして、都内の住宅の「屋根に降った雨」をためると有効であることが書かれている。またあとには「森林も水田も、貴重な地下水を育む場所」とある。
(5) 「この技術」とは、二行前の「工業用水の再利用」のこと。「何を」「どうする技術」なのかという形で答えよう。
(6) ①続く二文に注目し、「これは、……世界の問題である」「将来を見据えて……課題である」から端的に二十字以内にまとめる。
②最後の一文「自然の摂理の中で……こそが、水問題の解決につながっていく」からまとめて答える。

言葉発見③／漢字を身につけよう④

32～33ページ Step 2

❶ ①ぼうだい　②どじょう　③えいこ　④すた　⑤けいらん
⑥さかのぼ　⑦にせき　⑧ろうかく　⑨ぶっとう　⑩せんか

⑪いれいひ　⑫じゅんたく　⑬こうどう　⑭いしょう
⑮せいち

❷ ①一斤　②豚　③枯　④一杯　⑤廃棄　⑥据　⑦膨　⑧養豚
⑨船舶　⑩紡績　⑪伺　⑫合併　⑬店舗　⑭凝　⑮陶磁器

❸ ①かせん　②さんかくす　③みょうじょう　④しだい　⑤ひあ
⑥きかがく　⑦くれない　⑧たくわ

❹ (1)①ア　②ウ　③イ　④エ（③・④順不同）
(2)①エ　②ウ　③ア　④イ

—考え方—

❹ (1)飲み物＞ホットドリンク＞コーヒー・ココアの順。
(2)環境破壊＞温暖化＞排気ガス＞二酸化炭素の順。

枕草子・徒然草

34～35ページ　Step 1

❶ (1)ⓐようよう　ⓑなお　ⓒおかし
(2)例がいい（が趣深い）
(3)いうまでもない
(4)目…からす／かり（順不同）
耳…風の音／虫の音（順不同）
(5)早朝
(6)例火桶の炭火が灰ばかりになること。
(7)イ

—考え方—

❶ (1)ⓐ「ア音＋う」は「オー」と発音する。ⓑ語頭と助詞以外の「ハ行」は「ワ行」に直す。ⓒ「を」は「お」に直そう。
(4)この段落は秋について書かれている。「からす」や「かり」が飛んでいくのを見て「いとをかし」、「風の音(おと)」「虫の音(ね)」を聞いて「言ふべきにもあらず」と感じている。
(6)「わろし」は「よくない」という意味である。冬の早朝にふさわしくないものは、寒さがゆるんだ昼に火桶(ひおけ)の炭火が灰となってしまった光景である。
(7)「枕草子(まくらのそうし)」は平安時代に清少納言(せいしょうなごん)によって書かれた随筆である。随筆としては、鎌倉時代に成立した兼好法師(けんこうほうし)の「徒然草(つれづれぐさ)」がある。

枕草子・徒然草

36～37ページ　Step 2

❶ (1)ⓐあやしゅう　ⓑものぐるおし
(2)例小さくかわいらしいこと。
(3)例ねずみの鳴きまねをしたから。
(4)ウ
(5)例石清水八幡宮はこれですべてだと思い込んだ。
(6)例人々が極楽寺・高良を過ぎて山へ向かう理由。
(7)例自分の思い込みによって、目的地の石清水八幡宮にたどり着けなかったこと。
例その道の指導者に尋ねなかったため、思い込みで目的地を間違えてしまったこと。

❷ ①紫　②趣　③蛍　④霜

—考え方—

❶ (1)ⓐ「しう」を「しゅう」に、ⓑ「ほ」を「お」に直す。
(2)古語の「うつくし」は、かわいらしいの意味。二、三歳の幼児やすずめの子に共通しているのは、小さくてかわいいということ。
(3)「ねず鳴き」とは、ねずみが鳴くような声を出すことで、人を呼んだり、子供をあやしたりするときに「ねず鳴き」をしていた。
(4)「あやしうこそものぐるほしけれ」が筆者の心情で、書くことに熱中して、不思議なほど気持ちがたかぶってくるという意味。
(5)法師は、極楽寺(ごくらくじ)・高良(こうら)が目的地の石清水八幡宮(いわしみずはちまんぐう)だと思ってしまった。
(6)直前に「そも、参りたる人ごとに山へ登りしは、なにごとかありけん」とある。参拝した人々が山に登っていくが、何かあるのだろうかと法師は疑問を抱き、それを知りたいと思ったのである。

(7) 「先達はあらまほしきことなり」とは、先導者はいてほしいものだという意味。法師は「ただ一人、かち（歩き）」で参拝した。先導者がいなかったために石清水八幡宮にたどり着けなかったのである。

平家物語

38〜39ページ Step 1

❶ (1) 七五（調）
(2) ウ
(3) ア
(4) ア

❷ (1) イ
(2) a わが子（の小次郎） b 例 美しい
(3) ア

考え方

❶ (1) 冒頭二文のリズムを確認しよう。「祇園精舎の／鐘の声、諸行無常の／響きあり。沙羅双樹の／花の色、盛者必衰の／ことわりをあらわす。」〈七／五、七／五。七／五、七／九。〉の七五調である。
(2) 「〜の……、〜の……。」という同じ形式で、語句も対応している。
(3) 「〜ごとし」は「〜ようだ」なので、直喩表現である。

❷ (1) かぶとをかぶっているのは身分のある武将。熊谷は相手の身分を確認しようとしたのである。
(3) 会話の中で、「名のらせたまへ」（お名のりください）と熊谷が若武者に向かって敬語を用いていることに注目しよう。若武者は熊谷よりも身分が上であり、両者ともそれを意識している。若武者の最後の言葉「名のらずとも首を取つて人に問へ。見知らうずるぞ」（名のらなくても首を取って人に尋ねてみよ。見知っているだろうよ）に、平家の武将としての誇りが読み取れる。

平家物語

40〜41ページ Step 2

❶ (1) ⓐ あわれ ⓑ たすけまいらせん
(2) 例 お助けしたいと考えている。
(3) 例 大将軍の父親が、息子を討たれたらどんなに嘆き悲しむだろうかと考えるから。
(4) 味方の軍兵
(5) 例 すぐ背後から敵軍が多勢で押し寄せているから。
(6) エ
(7) 例 殺したくない相手でも、敵であれば殺さなければならないこと。
例 殺したくないと思っても、武士であれば敵を殺さなければならないこと。

❷ ① 鐘 ② 敷 ③ 鶴 ④ 化粧

考え方

❶ (1) 「は」は「わ」に、「ゐ」は「い」に直す。
(2) 熊谷の言葉（心内語）を追っていくと、最後に「あはれ、助けたてまつらばや」（ああ、お助け申したい）とある。
(3) 直後の「この殿の父、討たれぬと聞いて、いかばかりか嘆きたまはんずらん」（この殿のお父上は、討たれたと聞いて、どれほどお嘆きなさるだろう）に注目しよう。「この殿」（若武者）が自分の息子と重なって、父親として息子を失う悲しみを思っている。
(4) 後ろを見た熊谷が「土肥・梶原」を「味方の軍兵」と言っている。
(5) 「大将軍」の立場から答えることに注意しよう。「味方の軍兵雲霞のごとく候ふ」の「味方の軍兵」は大将軍にとっては敵軍である。「雲霞のごとく」とは、兵が多く群がり集まっているさまをいう。
(6) 「いとほし」にはさまざまな意味があるが、ここでは、若武者をかわいそうに思っているということ。
(7) 武士であるがために、助けたいと思った若武者を討たなければならなかったことを、つらく思っている。

漢詩の世界／漢文の読み方

42〜43ページ Step 1

❶ (1) ①四（句目） ②ウ ③イ
(2) ①城 ②ウ
(3) ①ア ②起（句）・承（句）（順不同） ③イ・エ（順不同）

考え方

❶ (1) ①第四句（結句）は「長江の天際に流るるを唯だ見る」が倒置になっている。
②「故人」は、現代では亡くなった人の意味で使われるが、ここでは古くからの友人という意味を表している。
③揚州に向かう友人（孟浩然）の船を、見えなくなるまでずっと見送っていることから、友との別れを寂しく思っていることが読み取れる。
(2) ①「国」「城」は、どちらも当時の中国（唐）の都、長安のこと。
(3) ①「絶句」「律詩」とも唐代に成立した詩型。起句、承句、転句、結句からなる四行詩を「絶句」、八行詩を「律詩」という。一句の字数も決められており、五字を五言、七字を七言という。
②「対句」とは、リズムの一致と語句の対応がなされている表現。ここでは、起句「江碧／鳥逾白」と承句「山青／花欲然」が対句となっている。

漢字のしくみ1

44〜45ページ Step 2

❶ ①あま ②いまし ③ひっすい ④びれい ⑤いくさ ⑥いっき ⑦にんしん ⑧せんと ⑨とうじょう ⑩めんせき ⑪しっそう ⑫さしょう ⑬びこう ⑭がっしょう ⑮かっとう

❷ ①詣 ②栄華 ③討 ④陣 ⑤縫 ⑥凹凸 ⑦悔 ⑧袖 ⑨袋 ⑩雷鳴 ⑪匿名 ⑫俊足 ⑬御飯 ⑭概観 ⑮彫刻

❸ ①イ・慶弔 ②エ・挑戦 ③ア・日没 ④ウ・悔恨 ⑤オ・砂浜

❹ ①不 ②非 ③未 ④無 ⑤否

考え方

❸ ①「縦⇔横」「慶⇔弔」、②「球を投げる」「戦に挑む」、③「雷が鳴る」「日が沈む」、④「幼＝少」「悔＝恨」、⑤「敬う語」「砂の浜」。

自立とは「依存先を増やすこと」

46〜47ページ Step 1

❶ (1) 社会や環境
(2) ウ
(3) 例 たくさんの人が助けてくれたこと。
(4) 例 人や社会に関心をもつようになったから。
(5) ①イ ②障がいの有〜遍的なこと

考え方

❶ (2)「確信」したこととは、直前の「健常者にならなくても社会に出られる」ということ。そう確信したのは、街で見かける自分より重そうな障がいをもった人たちが、「ありのままの姿で自由に暮らしている」姿を見たからである。
(3)「社会は案外優しい」と感じたのは、「一人暮らしを始めて」である。「一人暮らし」の様子はこのあとの二つの段落に書かれている。下宿していたときの友達や、外出時の見ず知らずの人など、「たくさんの人が助けてくれました」とある。これが理由である。
(5) ①——線⑤の次の段落に『依存先を増やしていくこと』こそが、自立なのです」とある。「依存先を増やす」とは、自分が頼れる場や人を増やすということ。誰にも頼らずに独り立ちすることとを「自立」と考えがちだが、筆者は、社会や人に支えられて生きることこそが「自立」だと考えている。
②文章の最後に、「これは……全ての人に通じる普遍的なことだと、私は思います」とある。「これ」とは、『依存先を増やしていくこと』こそが、自立」という考え方。

漢字を身につけよう⑤／文法の窓2

48〜49ページ Step ❷

❶ ①しゅくぼ（おば） ②かいきょう ③どうい ④しんちょく ⑤めいふく ⑥しゅっかん ⑦ろうおう ⑧きっぽう ⑨ぶんだん ⑩ろうばしん ⑪いっぺん ⑫しゃみせん ⑬たび ⑭すもう ⑮びより

❷ ①賢明 ②哀愁 ③謙遜 ④双方 ⑤後輩 ⑥侍 ⑦平仮名 ⑧笑顔 ⑨梅雨 ⑩五月 ⑪風邪 ⑫心地 ⑬土産 ⑭椅子 ⑮三脚

❸ (1) ①イ ②ウ ③エ ④ア
(2) ①イ ②エ ③ア ④ウ
(3) ①オ ②イ ③ク ④キ ⑤ア ⑥カ ⑦ウ ⑧エ

考え方

❸ (1) ①接続助詞は、そこで文が終わらずに次の語句に続けるはたらきをする。
②副助詞は、その言葉をとりたてていろいろな意味をつけ加えるはたらきをする。「は」は格助詞と間違えやすいので注意しよう。
③終助詞は、文末について、話し手・書き手の気持ちなどを表す。
④格助詞は、その言葉が他の言葉とどのような関係にあるかを表す。
(2) 「れる・られる」には、受け身・自発・可能・尊敬の四つの意味がある。「自発」は自然とそう思われるということ。
(3) ①・⑥「う・よう」には、意志・勧誘・推量の意味がある。
②丁寧な断定は「です」。
③「そうだ」には様態と伝聞の意味がある。動詞の連用形につけば様態、終止形につけば伝聞の意味である。
④「らしい」は、「男らしい」「冬らしい」など、形容詞の一部の場合があるので注意しよう。
⑤使役の助動詞は「せる・させる」。
⑦「ない」は、打ち消し（否定）の助動詞の他、形容詞、補助形容詞がある。判別に注意する。
⑧「た・だ」は、過去・完了・存続・確認の意味がある。

大阿蘇

50〜51ページ Step ❶

❶ (1) ウ
(2) ①反復 ②ア
(3) a噴煙 b雨雲
(4) イ
(5) 山は煙をあ

考え方

❶ (1) 「蕭々」は、雨や風などがもの寂しく感じられる様子をいう。
(3) 直前の「それ」は中岳の頂上から立ち上がる噴煙を指している。「それ（＝噴煙）」と「空いちめんの雨雲」とが、「けじめもなしにつづいている」情景が描写されている。
(4) この詩の題名は「大阿蘇」であることに注目しよう。雨の中でいっしんに草をたべている馬たち、それは大阿蘇の「草千里浜のとある丘」の情景。「もしも百年が　この一瞬の間にたったとしても」同じ情景があるだろう、大阿蘇は百年後も変わらないで存在し続けているであろうから、と、作者は大自然の悠久さに思いをはせている。

漢字を身につけよう⑥／言葉発見④

52〜53ページ　Step 2

❶ ①たんさく　②いかく　③しゅうちしん　④かんよう　⑤か
⑥かまめし　⑦きゅうし　⑧じゅうてん　⑨けつまく
⑩しょほうせん　⑪かいぼう　⑫せきつい　⑬おく　⑭ほど
⑮かみわざ

❷ ①酪農　②鎌　③穂　④酢　⑤煮　⑥詰　⑦皮膚　⑧弓道
⑨弟子　⑩授　⑪得　⑫垂　⑬煙　⑭噴煙　⑮一瞬

❸ (1)①ウ　②ア　③エ　④イ
(2)①優　②適　③国　④意
(3)①エ　②イ　③ア　④ウ
(4)①赤　②復　③無　④未

❹ ①イ　②ウ　③カ　④オ

考え方

❸ (1)②他に「合点」もある。
(2)①優良≒優秀、②適当≒適切、③母国≒祖国、④意味≒意義。
(3)他に「一般⇔特殊」「主観⇔客観」「自然⇔人工」なども確認しよう。

❹ ②「手を尽くす」は、あらゆる方法をやりつくすの意味。
③「目にあう」は、ある体験に遭(あ)うの意味。「つらい目にあう」「ひどい目にあう」など、多く好ましくない場合に使われる。

小さな手袋

54〜55ページ　Step 1

❶ (1)妖精
(2)立ちすくんだ
(3)ウ
(4)ア
(5)a 雑木林　b 腰掛けて　c 妖精

考え方

❶ (2)次の段落にはこの「小柄なおばあさん」の様子が、その次の段落にはシホの様子が描かれている。「シホは立ちすくんだ。意外なところにおばあさんがいたのだから、それだけでも驚くのはあたりまえである」とある。シホは、驚いて立ちすくんだのである。
(3)シホが「震えあがってしまった」理由は、直後の「つい最近読んだ童話の本を思い出したから」。童話には「人間を石や木に変えてしまう意地悪な妖精」が出てきて、おばあさんの容姿がその妖精とそっくりだったために、シホはおばあさんに魔法をかけられると思ったのである。ウの内容が適切。
(5)「妖精なんかじゃなかったよ」というシホの言葉に注目しよう。おばあさんが童話に出てくる妖精であるわけはないと気づき、それを確かめに出かけたのである。

小さな手袋

56〜57ページ　Step 2

❶ (1)赤と緑の毛
(2)イ
(3)例 おばあさんに会いに行かなかった間に、シホの手が大きくなったから。
(4)例 不自由な手で長い日数をかけて手袋を編んでくれたおばあさん(宮下さん)の、自分を思う気持ち。
例 苦しい思いをしてまで自分に手袋を編んでくれたおばあさん(宮下さん)の気持ち。
(5)例 おばあさんに会えると思った。
(6)例 おばあさんのぼけが激しくなり、会ってもシホが誰なのかわからないから。
(7)ア

❷ ①診療　②漂　③危　④衝撃

❶ 考え方

(1)「渡したいもの」とは、おばあさん（宮下さん）がシホのために編んだ手袋のことである。二十字という指定があるので、「赤と緑の……かわいい手袋」の部分が該当する。

(2)直前の修道女の言葉に注目しよう。「この辺り一帯を探し」たが見つけられなかった。それはシホの家が「探した範囲からはだいぶ離れて」いたからである。こんなに離れていたのでは仕方がなかったなあ、という気持ちだろう。ア「おばあさんに申し訳ない」、ウ「もう少しで見つけられた」は読み取れない。

(3)修道女の「（手袋の入った袋を）私が預かっていました」という言葉のあとに、シホが「二年以上も」とつぶやいたことから、おばあさんに二年以上会わなかったことがわかる。子供のシホの手は二年で大きくなり、手袋は小さくなってしまったのだ。

(4)「おえつ」とは、むせび泣きのこと。おばあさんは、「不自由な手で」「普通の五倍も時間がかかるという苦しい思いをして」、シホに手袋を編んでくれた。自分に対するおばあさんの思いに触れて、シホはこらえきれずに泣き出してしまったのである。

(5)「目が輝いた」は希望や喜びの表現。おばあさんがまだ病院に入院していると知り、おばあさんに再会できると思ったのである。

(6)このあとの修道女の言葉に注目する。「もうシホちゃんが誰なのか、わからない」「急にぼけが激しくなりましてね」から、おばあさんの容体が思わしくないことがわかる。

(7)「（昔の）大連へ帰ってしまった」とは、おばあさんは自分の記憶の中にある、昔の大連にいると思っているということ。前の修道女の話に「周りの人を、みんな大連に住んでいたときの……。ご本人は大連にいるんだって……」とある。

漢字を身につけよう⑦

58〜59ページ Step 2

❶ ①はんも ②こがら ③ひざ ④てさ ⑤ふ ⑥ばんしゃく ⑦さんとう ⑧まつび ⑨たいりゅう ⑩ほっさ ⑪も ⑫ふくせん ⑬おね ⑭とどこお ⑮よくせい

❷ ①妖精 ②瞳 ③娘 ④靴 ⑤震 ⑥小児科 ⑦外科 ⑧儀式 ⑨薬剤 ⑩抑 ⑪範囲 ⑫輝 ⑬茂 ⑭地震 ⑮漂流

❸ ①ま ②ほうしゅう ③げんしゅく ④しんし ⑤まんえつ ⑥しっと ⑦ばいしんいん ⑧ひろうえん

❹ ①aせき bこく ②aたん bはん ③aしょう bあきな ④aみょう bめい ⑤aそう bあやつ

❺ ①イ ②ウ

❺ 考え方

①「間髪（かんはつ）を入れず」とは、間に髪の毛一本も入れないほど短い間という意味。

②「おえつ」は声を抑えて泣いている様子を表す言葉。「むせび泣き」も声をつまらせて泣いている様子をいう。

動物園でできること

60〜61ページ Step 1

❶ (1)人間によっ〜てきた動物 (2)動物を触っ〜えたりする (3)a自然の中で暮らす姿 bかけ離れたもの (4)①屋外に高さ〜ルでつなぐ ②a樹上生活 b野生下での姿 (5)ロープを伝〜するシーン

考え方

❶(3)前の一文「そうした体験を通して知る野生動物の姿は、彼らが実際に自然の中で暮らす姿とはずいぶんかけ離れたものと考える。」に注目しよう。「そうした体験」＝「このような触れ合いイベント」であるから、この文中から当てはまる言葉を抜き出す。

(4)①次の段落の「従来の展示施設では……不可能だった。そこで、……」という文脈を捉えよう。「屋外に高さ一七メートルのタワーを二本建てて、その間をロープとレールでつなぐ」という工夫をしたのである。

②オランウータンについて「樹上生活に適した腕と手」とあることから、彼らは「樹上生活」をしているとわかる。従来の展示施設では不可能だった彼らの姿を見せたかったため、工夫した。

(5)オランウータンが「ロープを伝って悠々と空中を移動するシーン」を目撃して、来園者は「感嘆の声」をあげたのである。

動物園でできること

62～63ページ Step 2

❶(1)例 発見や理解があり、それを直接伝えることができるから。

(2)その場にい～ための工夫

(3)ア

(4)しかし、彼

(5)例 なんの脚色もせずにペンギンが歩く姿を見てもらうこと。

例 ペンギンの散歩前に彼らの野生下の様子を解説すること。

(順不同)

(6)例「ペンギンの散歩」を見たり解説を聞いたりして、かわいいペンギンの野生下のたくましい姿を学び楽しむこと。

例 散歩や解説を通して、ペンギンのかわいいだけでない、野生動物としての本来の姿に触れること。

❷ ①実践 ②家畜 ③腕 ④誇

考え方

❶(1)続く文に注目しよう。「日夜、その動物に……発見や理解があり、担当の飼育係であれば、それを直接伝えることができる」とある。

(2)これは「私」がしたことであるが、文頭に「例えば」とあるので、前の部分に述べられている内容の例であるとわかる。話をするのが仕事ではない飼育係だが、来園者の関心を引く解説をするために、いろいろな工夫をしていることの例として挙げられている。

(3)この段落は「ペンギンの散歩」について説明されている。野生のペンギンは気晴らしや健康のために歩くわけではなく、「海へ狩りに出かけていく」ために歩くのである。段落末に「『ペンギンの散歩』は調教や訓練が必要なショーではなく、キングペンギンの習性に基づく野生下の行動を再現したもの」とある。

(4)ペンギンの野生下の行動について、具体的に説明した部分である。前の段落に、ペンギンは「かわいい」と言われるが、「しかし、彼らは、……」と「たくましさ」について書かれている。

(5)最後の段落に注目しよう。「ペンギンのたくましい姿にも思いをよせてほしいという願いから、……」「そのたくましさを感じ取ってもらうための一つのお手伝いとして、……」と二つ述べられている。

(6)「そうしたペンギンたちの姿」とは、直接にはペンギンが「散歩」する姿であるが、それは「かわいい」ペンギンの意外な一面を表すものとして、たくましい野生の姿を知ることも楽しみに含まれる。

漢字のしくみ2／漢字を身につけよう⑧

64～65ページ Step 2

❶ ①なんによ ②じゅう ③さく ④もちゅう ⑤のきさき
⑥さんばし ⑦だせい ⑧ざんしん ⑨あいまい
⑩ぶじょく ⑪ふんがい ⑫えつらん ⑬ただ ⑭すいとう
⑮ていさい

❷ ①訪 ②及 ③与 ④衣装 ⑤施設 ⑥錯誤 ⑦繁殖 ⑧狩 ⑨幻想 ⑩崖 ⑪朱色 ⑫年俸 ⑬報 ⑭仮病 ⑮辞

❸ (1)①イ ②エ ③ウ ④エ ⑤ウ ⑥ア

(2)①aア bイ cウ ②aウ bイ cア

❹ ①確信↓革新 ②以外↓意外 ③期限↓起源 ④規制↓帰省

考え方

❸ (1)①いし＋はし、②あま＋グ、③ダイ＋ところ、④しお＋ケ、⑤ヤク＋ば、⑥エ＋ホン。

(2)①「意志」は自分で何かを積極的に行おうとする気持ち、「意思」は何かを行おうとする気持ち。

②「追及」は追いつめること、「追求」は欲しいものを手に入れようとすること、「追究」は調べて明らかにしようとすること。

❹ ①「確信」はかたく信じること、「革新」は改めて新しくすること。

④「規制」は従うべききまり、「帰省」は故郷に帰ること。

走れメロス

66〜67ページ Step❶

❶ (1)ア

(2)イ

(3)①私欲のかたまり ②人の心を疑

(4)①処刑までに ②ウ

(5)イ

考え方

❶ (2)「嘲笑」は相手をばかにした笑いである。人を殺すことと平和を望むことは矛盾しているのに、王はそのことをわかっていないと思ったのである。

(4)①メロスはこの前に、「私に情けをかけたいつもりなら、処刑までに三日間の日限を与えてください」と頼んでいる。

②①の言葉のあとに「たった一人の妹に、……」とある。

(5)王の心内語に注目しよう。王は「残虐な気持ちで、そっとほくそ笑んだ」あとに、心の内を述べている。「身代わりの男を、三日めに殺してやる」「人は、これだから信じられぬ」「うんと見せつけてやりたい」に、アとウは当てはまる。イは「二人とも」という部分が文章にはない。

走れメロス

68〜69ページ Step❷

❶ (1)黒い風のように

(2)(友達)セリヌンティウス

(3)ああ、その〜でもいい。

(4)例もう間に合わないので、セリヌンティウスを助けることはできないということ。

(5)例セリヌンティウス様を助けられたでしょう。

(6)例メロスが日没までに必ず来るという強い信念をもっていたから。

(7)a間に合う、間にあわぬ b人の命 c愛と誠の力

❷ ①敏感 ②花嫁 ③宣誓 ④醜

考え方

❶ (1)冒頭の一文に「黒い風のように走った」とある。「ように」は直喩表現である。

(2)「あの男」は直後に「その男」と言い換えられ、メロスは「その男のために私は、今こんなに走っているのだ」といっている。若い石工フィロストラトスの言葉に注目すると、「あなたのお友達セリヌンティウス様」「あのかた(セリヌンティウス)が死刑になるところ」とあるので、「あの男」とは、メロスの身代わりとなってはりつけになりそうな「セリヌンティウス」とわかる。

(3)メロスの心の声は、6行目の「ああ、その男、その男のために私は、今こんなに走っているのだ。」から始まる。続く「急げ、メ

ロス。遅れてはならぬ。」以降は、メロスが自身を奮い立たせようとしている言葉。終わりは「風態（ふうてい）なんかは、どうでもいい。」までである。

(4) フィロストラトスは「走るのは、やめてください。もう、あのかた（セリヌンティウス）をお助けになることはできません」と叫んでいる。これに対してメロスは「いや、まだ日は沈まぬ」と反論しているところから、フィロストラトスは、もう日が沈んでしまうから間に合わない、セリヌンティウス様を助けられない、といっていると読み取れる。

(5) もうちょっとでも早かったら、間に合って、セリヌンティウス様を助けられただろう、ということ。

(6) 続く文に「強い信念をもち続けている」とある。「強い信念」の内容を明らかにして答えよう。

(7) 「わけのわからぬ大きな力」とは、前のメロスの言葉の中の「恐ろしく大きいもの」の言い換えであり、8行目の「愛と誠（まこと）の力」でもあることを読み取ろう。「信じられているから走るのだ。間に合う、間に合わぬは問題でないのだ。人の命も問題でないのだ。私は、なんだか、もっと恐ろしく大きいもののために走っているのだ」に注目し、a・bはここから字数に合う言葉を抜き出す。

漢字を身につけよう⑨

70〜71ページ Step 2

❶ ①ぼうぎゃく ②はなむこ ③けいり ④みけん ⑤ちょうしょう ⑥こよい ⑦こぶし ⑧はしげた ⑨さんぞく ⑩あざむ ⑪ほうよう ⑫いなか ⑬じゃり ⑭いくじ ⑮わこうど

❷ ①乞 ②亭主 ③新郎 ④酔 ⑤氾濫 ⑥殴 ⑦裸体 ⑧徐々（徐徐） ⑨妄想 ⑩悩 ⑪鬼 ⑫購入 ⑬管弦 ⑭息子 ⑮行方

❸ ①ウ ②ア ③イ ④ア

❹ ①どんよく ②だきょう ③らつわん ④たいまん ⑤しんぼう ⑥るいけい ⑦ふっとう ⑧ちゅうしゅつ

—考え方—

❸ 慣用表現である。意味と使い方を覚えておこう。

文法のまとめ

72ページ Step 2

❶ ①イ ②ウ ③ア ④エ

❷ ①エ ②ア ③イ ④オ

❸ ①ウ ②ア ③エ ④イ ⑤カ ⑥オ ⑦ケ ⑧キ ⑨ク

❹ イ

—考え方—

❶ ①終止形が「けわしい」と「い」で言い切るので形容詞。
②終止形が「ささやかだ」と「だ」で言い切るので形容動詞。
③終止形が「する」とウ音で言い切るので動詞。
④「て〜」の形で、本来の動詞の意味はないので補助動詞。

❷ ①場所を表す格助詞の「に」。②原因・理由を表す接続助詞の「ので」。③強調を表す副助詞の「こそ」。④限定を表す副助詞の「さえ」。

❸ ①〜④「れる」「られる」の四つの意味は区別できるようにしよう。⑤・⑥「そうだ」には様態と伝聞があるが、様態は動詞の連用形に、伝聞は動詞の終止形に接続することに注意する。

❹ ⑧「まるで〜ようだ」は直喩の形。⑨「歌手」という例である。
「皆が 応援してくれたので、私は 大会で優勝できた。」「ので」の前後それぞれに主語と述語がある。一つの文の中に、さらに主述の関係をもつ部分があるものを「複文」という。「単文」は、一つの文の中に主述の関係が一つだけ。「重文」は、対等の関係でつながった二つの単文からなる。

テスト前 ☑ やることチェック表

① まずはテストの目標をたてよう。頑張ったら達成できそうなちょっと上のレベルを目指そう。
② 次にやることを書こう（「ズバリ英語〇ページ，数学〇ページ」など）。
③ やり終えたら□に✔を入れよう。
最初に完ぺきな計画をたてる必要はなく，まずは数日分の計画をつくって，
その後追加・修正していっても良いね。

目標

	日付	やること 1	やること 2
2週間前	／	□	□
	／	□	□
	／	□	□
	／	□	□
	／	□	□
	／	□	□
	／	□	□
1週間前	／	□	□
	／	□	□
	／	□	□
	／	□	□
	／	□	□
	／	□	□
	／	□	□
テスト期間	／	□	□
	／	□	□
	／	□	□
	／	□	□
	／	□	□

QRコードのページに登録すると，「ぴたリンク」からも表をダウンロードできるよ

テスト前 ☑ やることチェック表

① まずはテストの目標をたてよう。頑張ったら達成できそうなちょっと上のレベルを目指そう。
② 次にやることを書こう（「ズバリ英語〇ページ，数学〇ページ」など）。
③ やり終えたら□に✔を入れよう。
最初に完ぺきな計画をたてる必要はなく，まずは数日分の計画をつくって，
その後追加・修正していっても良いね。

目標

	日付	やること 1	やること 2
2週間前	／	□	□
	／	□	□
	／	□	□
	／	□	□
	／	□	□
	／	□	□
	／	□	□
1週間前	／	□	□
	／	□	□
	／	□	□
	／	□	□
	／	□	□
	／	□	□
	／	□	□
テスト期間	／	□	□
	／	□	□
	／	□	□
	／	□	□
	／	□	□

QRコードのページに登録すると，「ぴたリンク」からも表をダウンロードできるよ

キリトリ線